Najat Vallaud-Belkacem

SEVRAGE NUMÉRIQUE

*Enquête sur notre rapport aux écrans
et comment nous en libérer*

TALLANDIER

48, rue du Faubourg-Montmartre – 75009 Paris
www.tallandier.com

Prologue

Se passer de son smartphone ? Facile !

Au départ, c'était une idée de ma fille, fâchée contre moi après l'épisode d'une tribune publiée quelques mois auparavant où j'évoquais la possibilité de nous sevrer des écrans en instaurant un rationnement. « Vas-y, rationne-toi et tu verras ce que ça fait. »

Alors j'ai accepté ce drôle de défi. Après tout, une semaine sans écran, je l'ai déjà fait. Je suis née avant internet, avant les portables, avant les réseaux sociaux. Je suis de la génération de ceux qui scrollaient les pages des livres et apprenaient les numéros de téléphone par cœur. Et puis ça ne me déplaît pas de me confronter à l'objet de ma vindicte et de faire la démonstration, d'abord à mon fils et à ma fille, qu'on peut très bien s'en passer.

Ce sera mon *dry january* à moi, mais en août et pour une semaine. Me voici prête à la diète numérique. X, TikTok, Facebook et Instagram, mes réseaux sociaux indiqueront donc en statut : « En pause digitale : absente jusqu'au 7 août ». Sur LinkedIn et sur Slack, comme sur mes adresses mails et mes messageries instantanées – WhatsApp, Signal, Telegram –, je configure le message d'absence qui sera automatiquement envoyé. Belle et effrayante occasion de prendre la mesure de ma présence sur ces différents outils. Pour le reste, mes principales boucles, amicales, professionnelles et familiales, ont été informées de mon éclipse. Tout le monde est au courant, personne ne s'étonnera. La période estivale est, il est vrai, propice au sevrage et, en cas d'urgence, mes proches pourront être appelés et m'informeront si nécessaire. « Si nécessaire » ? J'ai bien essayé de spécifier la nature de la nécessité ou de l'urgence qui commanderait de m'avertir séance tenante. Je dois dire que l'exercice n'a rien de simple, alors disons que si personne n'a d'accident ou ne meurt, s'il n'y a ni déclaration de guerre ni catastrophe climatique, je laisse à mes proches le soin d'apprécier au cas par cas.

J'ai soigneusement enfermé dans ma table de nuit mon téléphone portable ainsi que mon ordinateur. J'ai l'impression que je vais respirer enfin. Avoir du temps pour penser, pour réfléchir, pour me retrouver et retrouver les miens.

Mon premier état est un état de béatitude, le sourire accroché aux lèvres. Un peu comme pour commencer le sport ou entamer un régime, je me cherche des acolytes, des complices. Je propose à mes enfants, à mon mari, à mes beaux-parents, aux amis de passage « d'arrêter de fumer ensemble », en quelque sorte. Ma belle-mère est candidate, mais il faut dire qu'elle n'est sur aucun réseau social, est sans doute la personne la plus injoignable que je connaisse et la seule à laisser à l'exact emplacement de l'ancien téléphone fixe son téléphone portable… Tous les autres ne veulent pas, ne peuvent pas, n'en ont ni l'envie ni l'intention. « Merci Najat, tout va bien pour nous ! »

Jour 1. Je penserai demain à acheter les journaux. *Libé*, *Le Monde*, *Le Figaro*, peut-être, et quelques hebdos. Ce matin, indéniablement, il me manque quelque chose avec le café : les infos. Je mettrai bien la radio, mais il n'y en a pas, ou il n'y en a plus, comme les journaux papiers, et d'ailleurs il paraît que ça manque pour allumer le barbecue. J'observe. À cette heure matinale, nous ne sommes pas encore tous levés et la jeune garde de la maisonnée dormira tard. Échanges légers, commentaires sur la météo, discussion plus sérieuse sur la rencontre entre Trump et Poutine. On m'interroge sur un excellent article du jour que je n'ai évidemment pas lu. Je devrais, paraît-il… et faire un premier accroc à ma diète ? Pas question ! Ainsi, on me le résume. La discussion s'engage, vive, mais nous sommes globalement d'accord, et chacun se replonge dans la lecture de la presse en ligne, sauf moi. Demain, la presse…

J'ai choisi mes livres avec attention, avec gourmandise même, des romans surtout. Je ne connais pas meilleure évasion. La matinée est passée d'une traite, à peine interrompue par le réveil des uns et des autres jusqu'au déjeuner. L'occasion pour moi de demander « quelque chose de neuf ? », « tout va bien ? », « tu as eu untel ? », comme une façon de sonder ceux qui n'ont pas quitté le monde quant à l'état du monde, justement.

Manifestement, la terre continue de tourner.

Je sens comme un petit creux dans le ventre. Ça pourrait être la faim, ça y ressemble. Mais ça ressemble encore davantage à une envie de clope. C'est drôle, j'ai cherché machinalement mon portable dans ma poche à plusieurs reprises, comme une cigarette dans un paquet vide qu'on ne se décide pas à jeter ; avec le besoin d'occuper ses mains pour ne pas les laisser ballantes et un peu gourdes. Oui, à bien y réfléchir, j'ai envie de me griller un portable.

C'est la belle salade de tomates du jardin qui viendra combler mon manque et me donner ce petit shoot de dopamine bien mérité. À table, nous sommes neuf, et six portables sont consciencieusement posés à côté de chacune des assiettes. L'étiquette n'a pas encore réglé cette question fondamentale : le portable, à droite du couteau comme la cuillère à soupe ou à gauche du côté de la petite assiette à pain ? Six portables car je n'ai évidemment pas le mien – ma belle-mère non plus ni mon petit neveu qui n'a pas encore 7 ans, encore que celui de ses parents lui soit assez vite autorisé pourvu qu'il ne parle pas en même temps que les adultes et ne mette pas trop fort le dessin animé qui lui tient alors lieu de nounou. J'observe ce ballet, reconnaissante à Gulli, ce véritable service public de la petite enfance, d'avoir gardé si souvent mes enfants… mauvaise mère, va !

Je dois dire que mon portable à cet instant ne me manque pas tellement, on aura consulté pour moi ChatGPT pour rassurer la tablée sur le nombre de jours durant lequel on peut encore consommer après la date de péremption une mayonnaise conservée au frigo. Vérifié également l'âge de je ne sais plus quelle personnalité venue dans la conversation et recherché l'heure de départ du train pour Paris fin août. Petite frustration quand même lorsque mon fils fait tourner, hilare, une vidéo autour de la table, évitant avec insistance de me la montrer par respect pour ma diète… « Fait tourner », la formule sent déjà l'addiction collective. Bilan, nous aurons été interrompus une bonne vingtaine de fois par une notification sonore ou vibrante. Mes enfants n'auront pas évité de répondre à des messages écrits par des amis, quand ils ne nous auront pas imposé des « sonores ». Pas mieux pour les adultes pris en flag de *scrolling* compulsif.

Jour 2. Comme une petite revanche, je déploie *Le Monde* avec une forme non dissimulée de délectation. C'est chouette, il y a le supplément *L'Été des livres* et un remarquable papier sur les faux groupes générés par l'IA qui déferlent sur les plateformes. Il paraît que la chanteuse Etta Mae Hartwell aux millions d'écoutes n'existe pas. Je contrarie mon premier réflexe, aller vérifier sur Deezer et interroger Perplexity pour en savoir plus. Je me contenterai de l'article dont je recommande la lecture à mes compagnons de tartines et de confiture. Un « oui, on l'a lu hier sur lemonde.fr » tempère mon enthousiasme. Comme le disait Mitterrand, il n'y a rien de plus vieux que le journal de la veille.

C'est fou de me dire que mon téléphone n'a ni sonné ni vibré depuis presque trente-six heures maintenant. Je serais curieuse de voir le nombre de mails reçus, d'appels en absence ou de notifications. Je jetterai bien un coup d'œil par curiosité, en ouvrant à peine le tiroir, juste un petit œil, en me cachant l'autre, pour que la reconnaissance faciale ne déverrouille pas mon téléphone. Allez ! Juste un coup d'œil ! Juste une seconde ! Ce n'est pas que ça me manque, promis, c'est de la stricte curiosité ! La raison l'a emporté, pas d'entorse aujourd'hui.

Olivier a essayé de me joindre, me dit-on. Je n'avais pas pensé à lui, mince ! Il m'avait vaguement dit qu'il serait dans le coin et qu'il passerait nous voir. Je ne sais pas si cette information entre dans la catégorie mal déterminée des « nécessités et urgences », mais toujours est-il que maintenant je dois répondre ou plus exactement faire répondre qu'il « est le bienvenu et qu'il passe quand il veut » ; « ok, à jeudi » ; « tu me rappelles l'adresse ? » ; etc. Je sais, tout cela a la couleur, le goût et l'odeur d'un échange de SMS. Mais, pour ma défense, je n'en ai personnellement tapé ni envoyé aucun.

Jour 3. J'ai perdu ma carte bleue. J'ai beau la chercher, elle n'est nulle part. Vite faire opposition. Où est mon portable ? Ah oui. Dans le tiroir. Grrr. J'interroge ma belle-mère, on a un téléphone fixe avec la Livebox ? Elle n'en sait rien ; d'ailleurs, il n'y a pas d'appareil, ça règle la question. Première vraie transgression, il faut que j'appelle ma banque. Les circonstances sont atténuantes, certes, et je demande à un tiers d'appeler pour moi. Je me donne peut-être une liberté indue, mais peut-on dire que « le coup de fil par un ami » ne vaut pas rupture de contrat d'abstinence numérique ? Je continue, donc. Premier conseil du téléconseiller : me rendre sur mon application et faire opposition à ma carte... à croire qu'il me cherche ! Il faut dire que je suis incapable de lui donner mon numéro de compte, que je ne peux pas plus valider mon certicode... Ouvrir le tiroir ? Aller à mon agence bancaire ? Mon cœur balance. Buvons la coupe jusqu'à la lie. J'irai à la banque.

Cet après-midi, en dépit de la chaleur accablante, nous faisons une grande balade dans les champs. Pas certaine d'adorer ça, surtout par quarante degrés, mais quel plaisir d'être en famille. Mes deux ados un peu exaltés improvisent un concours de sauts dans la rivière. « Maman, prends-nous en photo ! » Ah oui ? Avec quoi ? Mon daguerréotype de poche ? Nous n'immortaliserons pas le moment...

Elle est jolie, cette montre, me dis-je en la posant sur la table de nuit. Ça fait longtemps que je ne l'avais plus portée. Accessoirement, elle donne l'heure. Mais ça ne me dit pas comment je vais me réveiller demain matin. Je n'avais pas pensé à ce détail et demain je dois me lever plus tôt que d'habitude. Pas question de demander à mon mari de mettre son réveil, il va se moquer de moi jusqu'à la fin des vacances... Pas sûre de faire totalement confiance à mon horloge biologique… Je vais laisser les rideaux ouverts en espérant être réveillée par la lumière du jour. À moins que ? « Dominique ? Tu ne dors pas encore ? Ça ne t'embête pas de taper à ma porte quand tu te lèves ? J'ai pas de réveil… » La belle-mère, toujours levée avant le coq. Bonne nuit.

Jour 4. Je me suis surprise dans un comportement vaguement inquiétant. Un geste mécanique, irréfléchi, symptomatiquement débile. J'ai essayé de zoomer une photo de famille dans un album. Avec deux doigts… en m'y reprenant à plusieurs fois… Aïe ! Assez contente que personne n'ait été témoin de ce grand moment de solitude. Ça me paraît plus grave dans la hiérarchie des comportements compulsifs que d'avoir porté dix fois en une heure ma main à ma poche pour y chercher mon portable ou confondu la sonnerie du micro-onde avec une notification. Non ?

Je tourne autour de ma table de nuit avec l'envie d'y récupérer mon téléphone, un peu comme ces jeunes enfants qu'on laisse en tête-à-tête avec un marshmallow en leur en promettant un deuxième s'ils ne mangent pas tout de suite le premier, et je dois dire que, là, tout de suite, j'ai carrément envie de croquer dans le marshmallow numérique. Ça m'agace de ne pas savoir ce qui se passe, d'ailleurs, je suis sûre qu'il se passe plein de choses. Je ne suis au courant de rien et tous les autres, probablement même ma belle-mère, doivent être au courant. De quoi ? Justement, je n'en sais rien et c'est bien ce qui m'angoisse. J'ai clairement la FOMO, *fear of missing out* ; c'est un peu la mononucléose de l'algorithme. Un truc pas très grave, mais pas facile à avouer…

Jour 5. J'ai craqué.

Introduction

Où l'on verra que moi aussi je m'y perds…

Il est 1 h 30 du matin. Je devrais dormir. Je ne dors pas. Je continue de faire défiler, sous mes yeux fatigués, d'innombrables images, de courtes vidéos, qui vont du petit chien mignon aux dix comédies musicales qui finissent mal, en passant par de brèves incursions culturelles. Il est 1 h 30 du matin, je ne dors pas, et je devrais dormir. Tout en moi me le crie, mon cerveau m'y incite, j'ai du travail demain, j'ai des enfants demain, j'ai toute la joie de la charge mentale féminine demain – et pourtant je ne m'arrête pas.

Est-ce que cela m'intéresse ? Non. Dans cinq minutes, cette vidéo, je l'aurai déjà oubliée.

Est-ce que cela m'apaise ? Non. Plus je regarde, plus je retarde mon endormissement, et donc le sommeil et sa réparation.

Est-ce qu'au moins j'apprends et cela me sert à quelque chose ? Même pas.

Ce qui m'arrive, et qui arrive malheureusement à tant de personnes, même à 1 h 30 du matin, même dans cette nuit épaisse qui m'environne et que viennent percer des petites flaques de lumière bleue, ça s'appelle une malédiction. En anglais ? *Doomscrolling*. Ce mot, comme beaucoup d'autres concernant les effets du numérique, n'a l'air de rien. Oxford a élu « *brainrot* » comme mot de l'année : c'est anglais, cela sonne de manière « cool », mais la réalité qu'il décrit est terrifiante : cerveau pourri. Méninges ravagées. Et *doomscrolling* : être condamné à faire défiler sans cesse de nouvelles vidéos. Une autre idée de l'enfer. L'enfer, ce n'est pas les autres. L'enfer, c'est nous, notre pouce et notre écran. Et il est maintenant 2 heures du matin – et je ne dors pas, et je continue de faire défiler, le regard vide, des vidéos… et en écrivant cette phrase j'entends pour la première fois l'écho entre vide et vidéo. Et en continuant, alors que je sais pertinemment à quel point ce que je fais est stupide, délétère – et un très mauvais exemple pour mes enfants –, un autre écho résonne en moi. Alors même que je me dis « allez, encore une dernière, et puis j'arrête », je comprends tout d'un coup qu'il en va des smartphones et des réseaux sociaux comme de la cigarette, de l'alcool, de la drogue : encore une dernière, et puis j'arrête. Le refrain lancinant qui doit, plus que toute autre phrase, nous alerter.

Une image, encore : sur le seuil d'un hôpital parisien, une femme qui tient une perfusion à la main, qui tousse à s'en déchirer les poumons, et qui d'une voix éraillée se tourne vers moi et me demande si j'ai du feu. Elle tient à la main droite une cigarette, de l'autre elle agrippe le portant de sa perfusion, et alors que ses lèvres tremblent encore de la toux qui vient de lui arracher la gorge, elle va s'en allumer une nouvelle – comme ça, comme s'il n'y avait aucun lien entre cette cigarette et la maladie, qui, manifestement, ne tardera pas à l'emporter.

Devant la cigarette, nous avons, ces dernières décennies, témoigné de l'utilité du politique. Bien sûr, tout n'est pas réglé. Bien sûr, les lobbies résistent, reviennent avec d'autres formes de produits, comme les puffs, qui deviennent en outre un argument marketing supplémentaire en faveur des jeunes, avec leur habillage coloré et leurs saveurs sucrées. Le combat est long, toujours incertain, et malgré tout inévitable. Nous avons alors considéré qu'il y avait là un enjeu vital : nous avons agi ; nous avons avancé. Sans doute est-il temps, enfin, de procéder de la même manière s'agissant des écrans, des réseaux sociaux, d'internet – et écrivant ces lignes je me rends compte que je peine encore à préciser le danger, à l'identifier. C'est l'un des objectifs de l'enquête qui suit. Avant de passer enfin à des propositions concrètes, car il y a urgence. Et les pays autour de nous le savent qui, les uns après les autres, tâtonnent à la recherche de solutions. Alors, pour réagir, il faut d'abord identifier : qu'est-ce qui est en jeu ? Qu'est-ce qui est dangereux ?

Et pour bien réagir, il faut d'abord le reconnaître : internet n'est pas la cigarette.

En effet, la cigarette n'a que des effets négatifs. Or internet a de nombreux effets positifs. Tant pour l'accès au savoir, que pour la circulation de l'information, son rôle dans les luttes politiques, etc. Oui, le numérique, en matière d'accès au savoir et d'émancipation, a pu changer les choses pour bon nombre de personnes. Même le développement de l'IA, qui occasionne actuellement beaucoup d'inquiétudes, a des effets bénéfiques largement documentés, comme le rappelle la méta-analyse de 2025 sur l'effet de ChatGPT sur les étudiants, publiée par Jin Wang et Wenxiang Fan[1]. Il contribue en particulier à une amélioration notable des capacités d'apprentissage, quand on l'emploie correctement, et son impact est donc largement positif. L'ouvrage d'Ethan Mollick, *Co-Intelligence*[2], en proposant différents modèles d'interaction avec l'IA, du centaure au cyborg, et tout en soulignant l'importance de conserver un esprit critique dans son emploi, souligne les apports indéniables de cette technologie en matière de productivité et de créativité. Il en va de même, évidemment, pour nombre d'applications et d'inventions liées au numérique et à internet, et il serait vain de le nier. Ainsi, à chaque fois que l'on aborde la question du rapport aux écrans, il est facile alors de venir brandir les études rassurantes, les chiffres qui montrent que, non, tout n'est pas si sombre, et que, oui, il peut même être bénéfique pour le cerveau de jouer aux jeux vidéo[3].

Mais de telles réactions font penser aux gens qui expliquent qu'un ordinateur est un formidable outil pour apprendre en s'amusant. Certes, il existe bien des jeux éducatifs. Mais comparez un instant leurs ventes avec celles d'un Mortal Kombat par le passé, ou bien les 210 millions d'exemplaires vendus d'un GTA 5. Il n'y a absolument pas de comparaison possible. Il en va de même pour ces utilisations bénéfiques et raisonnées :

elles existent, nous le savons bien. Elles ne sont absolument pas massives, ni même majoritaires, nous le savons aussi. Et, dans tous les cas, ce ne sont pas ces usages-là qui sont problématiques.

Alors identifions : premier problème, les smartphones. L'accès à la ressource sans limite, sans contrôle, et souvent sous des formes ultra-intrusives. Le résultat se fait sentir dans toutes les classes d'âge. Ainsi, entre 2011 et 2022, la durée hebdomadaire consacrée à internet a presque triplé pour les 1-6 ans : nous sommes passés de 2 h 10 à 6 h 08[4]. Et tout cela pour une classe d'âge, rappelons-le, dont tous les acteurs du secteur médical s'accordent à dire qu'il ne lui faudrait aucun écran ! Nous en sommes loin, et la facilité d'accès permise par les smartphones pèse évidemment de tout son poids sur cette évolution. Quant aux adolescents, ils étaient moins de 50 % à posséder un smartphone il y a dix ans, contre 90 % aujourd'hui[5].

Second problème : les réseaux sociaux et la manière dont ils utilisent nos nombreux biais cognitifs pour développer une forme d'addiction. Ainsi, We Are Social et Meltwater, dans leur *Digital Report France 2024*[6], observent l'usage du numérique en France, et en particulier celui des réseaux sociaux. L'un des phénomènes les plus marqués ? L'explosion du temps passé sur TikTok. Ses utilisateurs français lui consacrent en moyenne 38 h 38 par mois, soit plus du double du temps passé sur YouTube. Et, surtout, depuis 2022, ce chiffre explose : c'est une augmentation de plus de dix-sept heures en deux années ! Et cette augmentation n'est pas un hasard uniquement lié à un manque de contrôle de notre part. Elle est directement pensée et voulue par le modèle économique des différentes firmes qui recherchent précisément ce type de comportement. Loin de l'émancipation permise par certains usages, l'objectif, ici, c'est une aliénation, une servitude involontaire.

Troisième problème : les contenus illicites – ou qui devraient être pour le moins surveillés, encadrés, empêchés. Cela va de la propagande terroriste à la pornographie. Vous me direz l'un est illégal, l'autre non, il n'y a donc pas d'équivalence. Mais, de grâce, qu'on cesse de minimiser les problèmes créés par l'accès au second ! À commencer par l'âge d'exposition à ces images. Une étude de l'Arcom[7] – le régulateur de la communication audiovisuelle et numérique en France – publiée en mai 2023 était sans appel : dès l'âge de 12 ans, la moitié des garçons consulte un site porno au moins une fois par mois. La moitié ! À 12 ans ! Comme s'il s'agissait d'une activité mensuelle totalement anodine et normale. Non seulement l'accès des mineurs à un tel contenu est éminemment problématique, mais que dire des effets absolument délétères pour la condition féminine et les relations entre les femmes et les hommes ? À quoi s'ajoutent des conditions de travail plus que discutables qui sont devenues la norme – quand elles ne relèvent pas de l'exploitation et de la barbarie pure et simple envers les individus concernés, et, en premier lieu, les femmes. Les nombreuses enquêtes judiciaires dans le milieu prétendument amateur l'ont montré. Le livre récent, *Sous nos regards. Récits de la violence pornographique*[8], le dévoile avec une force terrible pour celles et ceux qui voudraient encore l'ignorer. Il est donc grand temps d'agir, dans ce domaine comme dans d'autres.

Ce que l'on voit, le temps qu'on y passe, la facilité avec laquelle on y accède.

Identifier ces trois problèmes, ce n'est pas y réduire internet : c'est admettre qu'on vient de lister là les contenus les plus consultés (le porno représente par exemple jusqu'à 30 % du trafic internet mondial[9]), les applications les plus utilisées, et le moyen matériel d'accès le plus massif.

L'écran, les réseaux, le contenu.

Alors cherchons déjà à comprendre mieux les effets nocifs et les dangers de ces trois domaines. Je parcours des pages et des pages d'ouvrages, et tout semble évident : le péril est immense. Et puis je vais parcourir des articles plus spécialisés, des ouvrages scientifiques, des études et des enquêtes, et tout se brouille. Les nuances abondent, jusqu'à la lecture de cette phrase issue d'un article scientifique tout à fait sérieux, d'une source on ne peut plus solide : « Les réseaux sociaux ne représenteraient pas, pour la santé mentale des jeunes, plus de danger qu'une pomme de terre[10]. »

Vraiment ?

Alors, soit j'ai toujours sous-estimé les dangers de ce sympathique tubercule, soit l'on se trompe totalement quand on dit qu'il n'y a aucun doute sur la nocivité des réseaux sociaux.

Dans les deux cas, il y a là, clairement, quelque chose à creuser.

Donc allons-y.

CHAPITRE PREMIER

Où tout commence avec une pomme de terre et l'impact des technologies sur les plus jeunes

« J'étais où et quand
Pour le Grand Final
Le Feu de Bengale ?
Derrière mon écran
Sans doute
Mon écran total
À perdre les pédales. »

Feu Chatterton, « Écran total »

La phrase qui a retenu mon attention, la voici : « L'utilisation de la technologie a autant à voir avec le bien-être que manger des pommes de terre[1]. » Elle émane d'un professeur d'Oxford, Andrew Przybylski, dans le cadre de son étude de 2019 sur le bien-être adolescent et l'utilisation des technologies digitales[2]. Le propos porte principalement sur les réseaux sociaux. Par conséquent, cela n'invalide pas forcément les autres aspects, notamment la question du rapport aux écrans en tant que tels, et plus précisément leur danger pour le développement de l'enfant. Parce que là, me semble-t-il, il y a du solide, non ?

Faire fumer un bébé : une bien mauvaise idée

Allumer une cigarette, en tirer deux ou trois lattes. La tendre à son enfant de 3 ans. Sourire. C'est bien. Cela l'occupe. Cela le détend.

Cela vous semble absurde ?

Tant mieux.

Pourtant nous ne sommes pas loin de faire la même chose chaque fois que nous tendons un smartphone à un enfant. Nous détruisons ses neurones. Nous atrophions ses capacités cognitives. Nous le privons des « expériences inaugurales sensorimotrices[3] » qui jouent un rôle fondamental dans le développement de l'enfant. Nous engendrons un retard phénoménal qui ne sera sans doute pas compensé par la suite. Et pourtant nous considérons trop souvent cela comme « normal », ou, au mieux, « peu recommandé », mais bon, on a quand même bien envie de pouvoir se faire un restaurant tranquille, ou bien de ne pas subir les regards furieux des voisins du wagon de TGV.

Alors nous lui tendons l'écran, et cela fonctionne, évidemment.

Nous achetons ainsi la paix sociale, comme dans les salles d'attente, comme dans les restaurants, comme dans toute situation qui nécessite plus de cinq minutes d'attente. Cela dit beaucoup, sans doute, des problèmes que nous avons, en tant que société, à tolérer dans notre environnement des enfants, à accepter aussi de prendre sur nous pour jouer avec eux, leur parler, les occuper. En ce sens, comme le rappelle le psychanalyste Serge Tisseron, on ne peut pas occulter le fait que ce recours massif aux écrans, et ce à tous les âges, n'est pas uniquement une quête irrépressible d'information ou de détente : il met aussi en évidence la tension que nous ressentons, les souffrances engendrées par l'organisation générale de la société. Ainsi qu'il l'écrit : « Beaucoup d'entre nous sentent bien qu'il n'est plus possible de passer autant de temps devant les écrans, mais ils ne voient pas comment vivre autrement. Et c'est bien normal, parce que la plus grande violence des écrans est justement de nous écarter de la représentation de solutions collectives[4]. »

Ce recours à l'« écran-nounou » témoigne aussi d'une forme d'inconscience pour le moins troublante. D'où mon analogie, sans doute fallacieuse, avec la cigarette. D'où, aussi, sa pertinence : utiliser pour combler l'attente ou l'ennui un produit qui engendre des risques non négligeables pour la santé[5]. Je ne vais pas me livrer ici à un inventaire à la Prévert de tous les dégâts que cela provoque – quoique –, mais je vais me concentrer sur les plus marquants – d'autant qu'ils concernent aussi bien les écrans de télévision que ceux des smartphones, avec cependant des effets encore plus pernicieux dans ce dernier cas, quand on invite par exemple un enfant à patienter devant un fil Instagram ou TikTok. On va alors observer se développer des troubles du langage, des retards dans le développement, des problèmes d'attention et de comportement, quand ce n'est pas, dans les cas de « technoférences » – interférence régulière des écrans dans les relations familiales et intimes –, le développement d'une certaine insensibilité des parents vis-à-vis de l'enfant et de ses besoins, enjeu sur lequel je reviendrai par la suite.

Pour ne rester que sur l'exemple de l'écran de télévision – les études y sont les plus fournies, le phénomène étant plus ancien –, Serge Tisseron, toujours lui, nous rappelle entre autres cette mesure très concrète : « Pour chaque heure par jour pendant laquelle un bébé regarde des DVD ou des vidéos, ses apprentissages en vocabulaire diminuent de six à huit mots par rapport aux enfants qui ne regardent pas ces programmes[6]. » Et quand on sait qu'aux États-Unis 40 % des petits de 3 mois – aucune coquille ici, ce sont bien des mois, pas des années – sont devant la télévision, et que ce chiffre monte à 90 % chez les enfants de 2 ans[7], on a compris le problème.

Et, malheureusement, passer une vidéo sur une télévision ou un smartphone ne change rien à cet effet, pas plus d'ailleurs que si l'on passe un programme éducatif ou un simple épisode de dessin animé, étant donné que l'apprentissage du vocabulaire se joue avant tout à cet âge (moins de 24 mois) dans l'interaction avec des êtres humains, et non dans une simple écoute[8].

Il n'y a que du négatif à attendre ici.

Mais, au moins, me direz-vous, ce négatif est de court terme : il y a bien une capacité de régénération dans le temps ? Rien d'irrémédiable ?

Des troubles de développement établis

Malheureusement, deux études célèbres[9] de la chercheuse québécoise Linda Pagani ont prouvé le contraire[10] – avec une corrélation entre le temps passé devant la télévision dans la petite enfance (plus d'une heure par jour) et des troubles de développement, mais aussi, à partir de 13 ans, des troubles dans le comportement social, par rapport aux enfants ayant passé moins d'une heure par jour. Sans compter évidemment les effets sur la santé physique, rappelés très concrètement par le rapport d'avril 2024 de la commission d'experts sur l'exposition des enfants aux écrans :

> Chaque heure de plus passée devant un téléviseur à 2 ans et demi se traduit à l'âge de 10 ans par une diminution de 9 % de l'activité physique générale, une augmentation de 10 % du grignotage et de 5 % de l'indice de masse corporelle (IMC) qui mesure l'obésité[11].

Quant à celles et ceux qui ne jurent que par les fondamentaux scolaires, rappelons enfin que l'effet sur les résultats en mathématiques est désormais aussi bien évalué, aboutissant à une diminution de « 6 % des habiletés mathématiques[12] » à l'âge de 10 ans.

Il paraît donc bien difficile de pouvoir, sans hésiter, choisir d'engendrer volontairement chez son bébé de tels effets, et de telles conséquences au long cours. Parce que, par le recours abusif aux écrans, on aura en définitive cassé dans une période particulièrement sensible, celle des 1 000 premiers jours, les liens qui devaient au contraire s'établir : liens au monde sensible qui entoure l'enfant ; liens entre les différents neurones pour développer un réseau solide, cohérent et réactif ; liens entre le cerveau et les actions, dans la motricité fine comme dans la mobilité d'ensemble du corps ; liens, enfin et surtout, entre l'enfant et ses parents, entre l'enfant et celles et ceux qui devraient être l'unique objet de ses regards et de son attention, et réciproquement.

L'écran n'est pas la vie : il n'en a ni l'odeur, ni le toucher, ni le volume. Il est l'image d'une absence, il est une pure surface, et ne permet aucun engagement réel. Il hypnotise, fascine, mais ne délivre rien de véritablement précieux pour l'enfant, à cette période. Les scientifiques, en dépit des limites de leurs études, en témoignent. Mais surtout, les professionnels de santé, de la petite enfance, de la psychologie et de l'orthophonie le constatent, jour après jour.

Et, si nous y réfléchissons bien, nous en sommes aussi les témoins. Et les acteurs.

Néanmoins, et le rapport d'avril 2024 ne dit pas autre chose, nous peinons à avoir des preuves scientifiques : comme s'il y avait sur ce sujet le même écart qui peut exister entre notre perception sensible du monde et ce que nous savons, entre la ligne que forment l'horizon et la sphère sur laquelle nous vivons. Et revoici la pomme de terre inaugurale.

Alors, d'où vient cette histoire de pomme de terre ? D'un problème récurrent dès que l'on aborde le domaine des sciences humaines, et que l'on veut établir des rapports de causalité solides. En matière médicale, par exemple, quand on veut tester l'efficacité d'un médicament, on va procéder à une expérience menée selon le protocole scientifique le plus rigoureux qui soit et qui permet d'établir une causalité déterminante. Si je prends une aspirine, ma douleur diminue, et c'est bien grâce à l'aspirine, pas seulement parce que j'ai retiré le clou qui me traversait la tête (oui, l'exemple est absurde, mais bon...).

En sciences humaines, on se retrouve face à deux problèmes.

Le premier, c'est qu'on ne peut pas isoler facilement des facteurs déterminants : je ne peux effacer ni la personnalité des cobayes ni leur environnement familial, leur histoire, leur appartenance à telle ou telle classe sociale. Je peux essayer d'avoir des échantillons représentatifs, ou de tenir compte autant que possible des facteurs extérieurs. Mais ils seront toujours là, et il peut y en avoir d'autres dont je n'ai même pas idée en tant que chercheuse, des traumatismes non élucidés, des dys-, etc. Donc, quand je mène une étude, je ne peux pas isoler un phénomène, contrairement à ce qui se passe en laboratoire, et je vais en outre souvent devoir m'appuyer sur des éléments déclaratifs, ou des grilles d'évaluation qui ont toutes leurs limites – comme des tests de QI, d'orthographe, etc.

Le second problème, c'est que pour être sûr de ce que j'avance, il faut conduire un protocole en double aveugle. Dans le cas d'un médicament, cela signifie un groupe dans lequel sera administré le médicament, et un autre pour le placebo. On parle de « double aveugle » car ni les volontaires ni les scientifiques qui les encadrent ne savent quel groupe sera le groupe testé et l'autre le groupe témoin. Ceci afin d'éviter toute interférence – comme le léger sourire de ce médecin en me tendant le placebo qui va provoquer en moi une certaine suspicion. Vous imaginez bien que pour évaluer le numérique, cela signifierait d'abord de trouver deux groupes tests exactement équivalents en termes sociaux, familiaux, professionnels, mais aussi d'histoires personnelles, etc. – bref, un défi impossible. Et, enfin, que même dans ce cas, cela supposerait d'empêcher totalement sur une période très longue tout un groupe de pouvoir se confronter à des écrans, ou des réseaux sociaux, ce qui naturellement relèverait d'une privation de liberté tout à fait contraire aux droits humains.

Bref, pour des raisons tant éthiques que pratiques, les sciences humaines ne peuvent pas aboutir à ce degré de certitude – et c'est pourquoi nous ne pourrons jamais prouver scientifiquement un lien de causalité entre, par exemple, l'accès libre à des armes d'assaut et le développement de la violence, ou bien entre le développement de l'éducation artistique et des améliorations significatives dans les résultats et le bien-être de l'élève. Cela doit-il nous empêcher de militer contre le premier et en faveur du second ? Bien sûr que non. Et je sais à quel point il y a quelque chose de violent quand vous expliquez que vous ne pourrez jamais prouver de tels rapports, parce que les parents, les familles, les professionnels, eux, voient bien à quel point le premier est nocif, et le second bénéfique. Mais c'est ainsi que se construit le savoir scientifique, et il est des domaines, comme le rappelait Paul Veyne, qui relèvent du sublunaire[13]. Cela ne veut pas pour autant dire qu'on ne peut rien et que l'on ne sait rien. Cela veut simplement dire que nous ne pourrons jamais le prouver avec le degré de certitude que nous avons quant aux lois de la pesanteur ou de la gravité.

Mais cette histoire de pomme de terre m'a tellement perturbée qu'il me semblait important d'y revenir. D'abord, parce que lorsque j'ai commencé à discuter de ce projet d'enquête, tout le monde m'a dit, « oui, bon, les effets nocifs, c'est prouvé et documenté, c'est connu ». Or ce n'est pas si simple, d'excellents ouvrages le rappellent[14]. Si nous ne reconnaissons pas cette complexité, nous ouvrons la porte à des critiques qui vont facilement pouvoir nous répéter que « cela n'est pas prouvé ». Voilà pourquoi j'ai voulu reconnaître que, oui, ce n'est pas prouvé au sens scientifique du terme, mais c'est normal. Surtout, ici, se situe un enjeu fondamental quand on aborde la relation entre le numérique et la société. Devons-nous forcément attendre des preuves irréfutables (que, par définition, nous ne pourrons donc pas obtenir) pour agir ? Je ne le crois pas.

D'abord l'absence de preuve n'est pas la preuve de l'absence, selon la formule scientifique bien connue. Ne pas trouver de preuve d'une causalité sur la nocivité des réseaux sociaux ne signifie nullement que ceux-ci sont sans danger – simplement qu'on ne peut pas le prouver. Surtout, il y a un écart manifeste entre la prudence – nécessaire et épistémologiquement bienvenue – des études scientifiques, notamment à utiliser le terme d'addiction, et l'ampleur de ce que nous constatons empiriquement dans le domaine éducatif comme en santé mentale. Et un contraste encore plus énorme entre les moyens consacrés à la recherche sur l'impact de ces outils, et ceux considérables déployés par les industriels pour mieux maîtriser nos comportements, à coups d'algorithmes ou de *dark design* toujours plus élaborés exploitant le fonctionnement même de notre cerveau. Notamment le circuit de la récompense avec la dopamine, qui vient créer un sentiment d'euphorie engendrant une accoutumance. Ou encore nos biais cognitifs, vous savez, ces facilités du cerveau qui nous conduisent à ignorer certaines évidences, à aller au plus simple, ou encore à espérer toujours plus. Ce dernier biais, par exemple, porte le joli nom d'« escompte hyperbolique » : il nous pousse à espérer sans relâche que l'information suivante sera plus gratifiante que la précédente, nous incitant à scroller sans fin les fils d'actualité.

Oui, les GAFAM (Google, Apple, Facebook, Amazon et Microsoft) déploient des efforts dont on peine à imaginer qu'ils sont totalement nourris par la seule curiosité pour le fonctionnement du cerveau humain.

Le cas de Lena Situations

Alors, oui, peut-être n'y a-t-il pas une causalité évidente. Malgré tout, on observe que quand quelqu'un quitte les réseaux, ou s'en détache, il est soulagé. Révélateur fut le récit de Lena Situations, tout comme, à une échelle plus large, le développement de tout un commerce autour de la détoxication numérique.

Lena Situations (Mahfouf de son vrai nom) connaît beaucoup de succès grâce aux réseaux sociaux – où elle cumule 2,87 millions d'abonnés YouTube, 3,4 millions sur TikTok, et 4,7 millions sur Instagram. Elle fait ainsi partie de ces jeunes qui ont pu y trouver un espace de reconnaissance et d'épanouissement, mais aussi, une certaine souffrance, un indéniable ras-le-bol. En se lançant en novembre 2024 dans un défi d'un mois sans écran et sans réseaux sociaux, elle a divisé les internautes, certains lui reprochant une forme d'ingratitude, voire d'élitisme. Durant ce mois de sevrage, elle est passée de sept heures quotidiennes de temps d'écran à zéro, et n'a conservé qu'un téléphone d'urgence à clapet. Son constat ? Globalement très positif : « Pas de *scroll*, pas de *drama*, pas de *likes*, juste un retour au monde réel, du moins mon monde avant de recevoir mes premiers écrans et d'oublier ma vie sans distraction digitale. C'était surprenant, rempli d'ennui, d'inspiration, et de belles surprises[15]. »

Il est frappant de regarder les trois premiers mots de cette déclaration, qui mettent en évidence trois composantes de notre attachement aux écrans : le *scroll*, ce moment où tout s'abolit dans un flux infini de suggestions qui s'enchaînent selon une logique algorithmique tétanisante ; le *drama*, où des disputes viennent nourrir la curiosité morbide et malsaine de milliers, voire de millions de *haters*, et entraînent parfois des vagues de harcèlement en ligne et hors ligne ; les *likes*, enfin, qui nourrissent la motivation des uns et des autres à poster toujours plus de contenu, et qui font réellement souffrir quand ils viennent à faire défaut sous une publication, tant sont importants les enjeux émotionnels dans les réseaux sociaux.

Indéniablement, nous observons que la majorité de nos usages numériques ne nous rendent pas tellement heureux, qu'il s'agisse de nous-même ou de nos proches. 89 % des parents constatent un impact négatif sur le comportement des enfants du fait de l'usage répété des réseaux sociaux[16], et malheureusement les faits divers les plus récents en témoignent encore, comme la fugue de la jeune Morgane, initialement motivée par la confiscation d'un téléphone portable, jeté au sol et cassé par son père, qui critiquait son usage des réseaux sociaux. Cela peut sembler dérisoire. Et il y a évidemment bien d'autres raisons, et d'autres facteurs, qui ont sans doute joué dans ce drame conduisant cette jeune fille de 13 ans à quitter le domicile parental, à la fin du mois de novembre 2024[17]. Elle sera retrouvée, saine et sauve, plusieurs jours plus tard. Et, je le répète, cela ne peut se résumer à une question de smartphone. Il n'en reste pas moins que cela a constitué un motif de passage à l'acte, montrant aussi la place occupée par cet usage au cœur des vies, au cœur des familles, au cœur des relations d'adolescentes et d'adolescents.

Et je parle d'adolescence, mais 67 % des enfants de 8 à 10 ans disposent déjà de comptes sur un ou plusieurs réseaux sociaux[18]. Les indices du mal-être sont trop nombreux pour ne pas réagir. Les réseaux sociaux, les écrans, ne créent peut-être pas tout cela. Mais qu'ils aggravent les phénomènes, voilà une certitude.

La préoccupation devant l'économie de l'attention n'est donc pas qu'« une panique morale », ou une invention de mère de famille, elle est une réalité, et ses dégâts sont tout aussi réels et considérables pour notre société. Il est temps de mettre un peu d'ordre dans ceux-ci, de les recenser, pour pouvoir, ensuite, mieux les questionner. En d'autres termes, pourquoi sommes-nous si complaisants avec ce qui pose tant de problèmes ?

Résumons-nous !

De nombreuses études montrent les effets délétères des écrans sur les 1 000 premiers jours du développement de l'enfant.

L'absence de consensus sur la dangerosité des réseaux sociaux tient davantage aux spécificités des sciences humaines qu'à une méconnaissance des problèmes que ceux-ci peuvent engendrer.

À partir du moment où il y a des problèmes, il est donc préoccupant de constater que 67 % des enfants de 8 à 10 ans disposent déjà de comptes sur un ou plusieurs réseaux sociaux et que 90 % des adolescents possèdent un smartphone.

Si nos téléphones sont de plus en plus intelligents (*smart*, en anglais), il se pourrait bien que nous devenions de plus en plus bêtes.

Chapitre II

Où l'on verra les dégâts bien concrets d'une malédiction

> « L'amour est comme l'oiseau de Twitter
> On est bleu de lui, seulement pour 48 heures
> D'abord on s'affilie, ensuite on se follow
> On en devient fêlé, et on finit solo. »
>
> Stromae, « Carmen »

Vous connaissez sûrement le syndrome de Stockholm, ou comment la personne enlevée en vient à développer une relation quasi amoureuse avec son bourreau. Il me semble que dans notre rapport au numérique, nous ne sommes pas loin de cela. Nous ne cessons de nous plaindre de nos smartphones, de la manière dont ils se déploient concrètement : ils envahissent nos vies. Nous en venons, comme Douglas Coupland, plasticien canadien, à regretter notre « cerveau d'avant-internet » – et malgré tout, à chaque temps mort, dans une file d'attente, dans les transports en commun, mais aussi, plus grave encore, à chaque rendez-vous, à chaque dîner, la tentation est là, sourde, et il ne se passe pas longtemps avant que nous ne replongions.

Parfois pour des raisons professionnelles, sérieuses ; parfois pour d'autres plus futiles, comme la vogue des Starter Packs[1] – ou bien le moment Studio Ghibli de ChatGPT qui a conduit à ce que les serveurs voient littéralement fondre leurs transistors.

Oui, nous avons toujours de bonnes raisons.

Un média subi

Alors, je sais : je n'évoque ici nullement les bienfaits du numérique, les apports d'internet et des réseaux sociaux. Sans doute. Et je sais qu'il y en a. J'en bénéficie aussi, de manière très concrète. Après tout, comment aurais-je fait pour accéder à toutes ces données, à tous ces articles, qui sont venus nourrir ma réflexion et l'écriture de l'ouvrage que vous avez entre les mains. Le problème est que ces bienfaits tiennent souvent à une utilisation d'internet que l'on pourrait qualifier d'active. Je cherche quelque chose de précis. Je choisis d'aller consulter ce documentaire. Je viens échanger sur ce forum. Mais au fur et à mesure que nous avançons dans l'histoire d'internet, ces utilisations actives se sont réduites, au profit d'un rapport plus passif à l'environnement numérique. Je vais sur YouTube non pour voir une vidéo particulière mais comme ça, pour occuper le temps. Je vais sur tel réseau social non pour répondre à un message donné, mais au cas où. Et à chaque fois m'accueillent des suggestions nombreuses de vidéos diverses, quand ce ne sont pas des notifications qui viennent me relancer. Et cet usage-ci, que nous le voulions ou non, est ultra-majoritaire.

Voici pourquoi, si je ne méconnais nullement les apports d'internet, je crois qu'il faut aussi être réaliste.

Vous vous souvenez peut-être de ces sondages sur la télévision où nombre de personnes déclaraient adorer Arte ? Les audiences de cette dernière n'ont jamais correspondu à cet amour autoproclamé.

De la même manière, je pense que toutes celles et ceux qui assurent utiliser internet principalement pour effectuer des recherches sont peut-être sincères, néanmoins je serais curieuse de pouvoir jeter un coup d'œil imprévu à leur historique... Et n'hésitez pas à faire le test avec la prochaine personne qui vous déclarera avoir une utilisation raisonnée et raisonnable d'internet. Il y en a. Mais ce sont des miraculés ou des individus profondément volontaires. Ou bien, à l'instar de certaines personnalités des arts et de la culture, ils peuvent s'offrir, comme Christopher Nolan ou Amélie Nothomb, le luxe de ne pas avoir de smartphones[2]. Et tant mieux pour eux. Bravo. Malheureusement, ce n'est pas notre cas.

Souvent, internet, nous le subissons.

Passivité et captivité face au numérique

Parfois même, en particulier dans le cas de certains jeux vidéo, nous nous retrouvons dans le cadre d'une addiction au sens strict.

Et cette fascination pour l'écran conduit à des comportements extrêmes qui, s'ils ne sont pas au sens propre engendrés par les réseaux sociaux ou les jeux en ligne, s'en trouvent facilités[3].

Oui, devant la porte fermée d'une enfant qui préfère s'isoler dans sa chambre plutôt que de sortir dans la rue, devant le mutisme de l'adolescent qui franchit plus facilement l'écran d'accueil d'un jeu en ligne massivement multijoueur que le seuil de son domicile, et qui y déploie une sociabilité plus épanouissante pour lui, il y a une forme d'hypnose et de fascination. Les pays asiatiques, et le Japon en particulier, sont très marqués par certains phénomènes comme l'otakisme – ou la valorisation du cyberespace par rapport à la vie réelle – ou l'hikikomori – qui engendre un retranchement cette fois physique de la personne dans sa chambre ou dans son appartement.

Et voilà comment ce qui devait nous lier, nous rassembler, nous sociabiliser, nous coupe les uns des autres.

Et voilà comment nous arrivons à aimer, à vanter les mérites, de ce qui parfois nous séquestre de manière très littérale comme dans le cas de l'hikikomori.

Oui, cela s'appelle bien un syndrome de Stockholm. D'autant que les dégâts de tous ces petits symptômes cumulés nous affectent bien au-delà de notre seul bien-être personnel. Ils abîment autant notre santé individuelle, mentale et physique que celle de notre société et de notre environnement. Car le numérique, tel qu'il fonctionne, ne se contente pas de nous isoler ou de nous enlever, d'une certaine façon, au monde qui nous entoure. Il cause des dommages à ce monde d'une ampleur qui rend historiquement coupables le déni et l'indifférence de tant de responsables politiques.

« Cap au pire », l'adage beckettien sied admirablement à notre époque. Alors respirons un grand coup, ouvrons bien les yeux, et entrons d'un pas assuré dans ce qui, il faut bien l'avouer, ressemble furieusement à un musée des horreurs :

> À votre droite, les dégâts causés par le numérique sur nos sociétés et notre monde. À votre gauche, ses nuisances à une échelle plus personnelle.
> Et si vous vous demandez comment identifier certains responsables, outre le miroir dans lequel nous ne manquerons pas de nous contempler à la sortie, rassurez-vous, certaines pistes seront esquissées dès les prochains chapitres. Bonne visite à toutes et à tous, et n'oubliez pas la guide !

Ce que le numérique fait à l'environnement : les conséquences très concrètes de la dématérialisation

Avec le numérique, beaucoup de choses se sont dématérialisées. Du moins, c'est l'idée que nous nous en faisons bien souvent, mais en oubliant que la dématérialisation n'est jamais totale. Les données, ce n'est pas du vent qui irait d'un point A à un point B. C'est une série de 1 et de 0 qui occupent un certain espace, qui supposent donc du stockage, du courant, de l'alimentation, des bâtiments, et de l'eau pour le refroidissement, sans compter tous les minéraux rares qui sont requis par les circuits imprimés. Bref, s'il convient d'être raisonnable dans l'impression des documents, ne pensons pas qu'il suffise de ne pas imprimer pour supprimer tout impact, bien au contraire.

Quelques exemples pour rendre tout cela concret ? Deux agences gouvernementales, l'Agence de l'environnement et de la maîtrise énergétique (Ademe) et l'Autorité de régulation des communications électroniques et de la presse (Arcep), ont montré que l'utilisation du numérique par une personne en un an équivalait, en matière d'impact sur le réchauffement climatique, à 2 259 kilomètres parcourus en voiture[4]. L'envoi d'un mail avec une pièce jointe d'un méga ? C'est l'énergie d'une ampoule LED pendant une heure. Et trente-trois mails ? Un kilomètre avec une voiture thermique. Comptez trois kilomètres si vous regardez une vidéo en HD en streaming, ou, pour varier un peu, l'énergie nécessaire pour amener quatre-vingts bouilloires à ébullition.

Et si chaque Français envoie cinquante mails en une journée, c'est l'équivalent de treize allers-retours Paris-New York en avion pour 1 000 personnes[5].

Et cela ne semble pas s'améliorer.

Ainsi, l'étude Ademe-Arcep de 2020 indiquait qu'en France le numérique représentait 2,5 % de notre empreinte carbone. Cela signifiait alors qu'il avait un impact analogue à celui du secteur des déchets, ce qui n'était déjà pas forcément bon signe. Le problème c'est que quatre années plus tard, cet impact a presque doublé : nous sommes, en 2024, à 4,4 %[6]. Quand vous regrettez de n'être pas aussi polluant que le secteur des déchets, et que cela se passe en quatre ans seulement, c'est clairement qu'il y a un problème. Aujourd'hui, c'est au secteur des poids lourds que le numérique peut se comparer. Et, naturellement, le problème est appelé à s'accentuer encore dans les années à venir.

En parlant d'impact élevé, le fonctionnement des *data centers*, tout ce qui contribue justement à la dématérialisation et au développement des IA, avez-vous une idée de son évolution ? En 2022, il représentait 16 % de l'impact carbone du numérique. Deux ans plus tard, il s'élève à 46 %. Alors, certes, il n'a toujours pas atteint les 50 % d'impact carbone, un privilège détenu par la fabrication et le fonctionnement des terminaux (téléviseurs, ordinateurs, smartphones, etc.), mais il s'en approche à grande vitesse. « Arriver à toute vitesse », cela sonne bien pour une manif, on peut en revanche préférer « une lente régression » quand il s'agit d'impact environnemental.

D'autant plus que je ne vous cite ici que les chiffres concernant l'impact carbonique à l'échelle de la France. Mais vous imaginez bien qu'avec le développement des *data centers*, le problème ne se résume pas aux émissions de gaz. Ces derniers contribuent aussi bien à la bétonisation des sols, à la consommation des ressources, notamment l'eau des systèmes de refroidissement, et à la pollution de cette dernière.

La situation risque d'empirer rapidement si nous ne faisons rien.

Comme le rappelle l'universitaire Marc Bidan dans l'article qu'il consacre à la question de l'économie numérique et de ses impacts environnementaux :

> Il faudra bien aborder sérieusement la question de « l'infobésité » et de la naissance et croissance mécanique de ces encombrants zettaoctets (dix puissance 21) précédant les yottaoctets (dix puissance 24). Il faudra bien se poser la question de leur stockage, sauvegarde et traitement *ad vitam aeternam* car, en cohérence avec de nombreuses questions juridiques et opérationnelles, la question de leur durée de vie reste totalement ouverte[7] !

Ce sur quoi insiste Marc Bidan, c'est la nouveauté de la question qui se pose à nous, aujourd'hui, avec le développement du numérique, et le contraste entre son apparente immatérialité, et la façon dont il vient en réalité peser de tout son poids sur le sol. Produire des données, ce n'est pas anodin. C'est ce que nous faisons, à chaque fois que nous cliquons sur un site, que nous acceptons les contrats de licence – souvent sans les lire, soyons francs –, que nous publions quelque chose sur les réseaux, que nous échangeons sur internet. Enjeux écologiques et enjeux éthiques vont ici de pair.

Nous connaissons, par exemple, les difficultés rencontrées par les personnes qui souhaitent faire retirer une photo ou une vidéo d'une plateforme. Il en va de même pour les données que nous livrons. Jamais vous n'accepteriez d'offrir l'accès à votre téléphone portable à un individu croisé au hasard dans la rue. Imaginez qu'il vous demande de partager avec lui vos contacts, vos photos, vos vidéos, votre positionnement, votre micro... Bref, tout. Vous refusez. Vous continuez votre chemin en vous demandant qui pourrait croire que vous livreriez ainsi toute votre intimité au premier venu.

Eh bien cette personne s'appelle Google, Microsoft, Meta ou Amazon. Et cette personne est fondée à croire que vous lui livrerez tout, parce que vous le faites en permanence. En accédant à un site internet. En installant une application. En écrivant un mail. Des milliards de données au cours d'une vie. Des données dont vous ignorez même que vous les partagez. Mais que vous distribuez sans vergogne sur internet. Qui s'accumulent, jour après jour, mois après mois, dans des *data centers*. Comme le rappelle Anaïs Theviot[8], chercheuse spécialiste de la question des données et de leur utilisation, chaque seconde 29 000 gigaoctets de données sont produites sur internet – soit 2,5 exaoctets par jour. Or, un exa est équivalent à 10^{18}, soit… mille milliards d'octets. À ce niveau-là, on quitte la sphère de l'humainement compréhensible.

Et le problème ne cesse de s'amplifier.

En effet, ces données, rien n'est prévu quant à ce qui leur arrivera ensuite. Après notre mort, d'abord, mais même à plus long terme. Quand les effacer ? Pour quelles raisons ? Avec quelles limites ? Ce ne sont nullement des archives publiques, régies par des règles claires. Ce sont les propriétés de sociétés privées, qui, à cause de la signature que nous apposons avec tant de légèreté, en font l'usage qui leur plaît. Et cette accumulation des données n'est qu'un aspect des enjeux écologiques d'un numérique qui apparaît de plus en plus pour ce qu'il est : moins une solution qu'une autre forme de pollution.

Alors, il y a bien sûr eu des tentatives dans ce domaine, comme « La feuille de route sur le numérique et l'environnement de 2020[9] », ou bien le « Livre Blanc Numérique et Environnement[10] » publié en 2018. Mais la bonne volonté ne peut rien quand l'innovation et le rendement marchent main dans la main, sautillant gaiement à travers les contraintes et laissant, tels des géants inconscients, de gigantesques empreintes sur les terres dévastées des Lilliputiens que nous sommes. Et le pire dans tout cela, c'est que nous les nourrissons, les encourageons, et scions avec une application suicidaire la branche sur laquelle nous sommes assis, c'est-à-dire « la Terre habitable par des humains ». La planète s'en remettra, peut-être ; en ce qui nous concerne, c'est moins sûr. Voilà pourquoi il y a, dans notre obstination à fermer les yeux sur ces dégâts, quelque chose du syndrome de Stockholm. Parce que non seulement, comme l'ont rappelé les dessinateurs et designers à propos des Starter Packs, ce « truc rigolo » pille le travail et la créativité de professionnels chevronnés, mais en plus parce que chaque demande adressée à l'une de ces IA consomme beaucoup plus qu'une simple recherche. Ainsi, l'Agence internationale de l'énergie a montré qu'« une requête sur ChatGPT consomme dix fois plus d'électricité qu'une recherche sur Google[11] ». Donc la prochaine fois que vous cherchez un bon resto, préférez un simple moteur de recherche. Votre urgence, même très urgente, reste limitée par rapport à l'urgence climatique.

Les nettoyeurs d'internet

Ce que nous ne voyons pas existe donc malgré tout par-delà les interfaces, et tout cela a un poids, un coût bien concret. Tout ce qui entraînerait la limitation des données, de leur stockage et de leur utilisation ne pourrait être que bénéfique. Pour nous, et pour celles et ceux qui contribuent à façonner ces IA, à modérer nos réseaux, et qui non contents de devoir accueillir la majorité de nos déchets liés au numérique, doivent aussi subir des violences sociales et psychologiques absolument considérables. Pour que nous puissions sereinement regarder des vidéos de chats sur nos réseaux sociaux préférés, des hommes et des femmes passent leurs journées à filtrer et donc à regarder les pires atrocités : décapitations, meurtres, viols et lynchages.

Leur travail – pour ne pas dire leur sacrifice – nous demeure invisible. Nous ne nous interrogeons nullement quand nous constatons qu'après un signalement une vidéo est retirée, ou bien que nous n'avons peut-être même pas conscience que nous navigons continuellement entre des horreurs – quand bien même le contenu violent reste étonnamment présent et accessible.

Non, c'est « magique ».

Or la magie n'existe pas. Il y a toujours un truc. Si le canari et sa cage disparaissent sous le drap noir du prestidigitateur, c'est parce que le canari n'est plus qu'une petite bouillie d'os et de plume, et que la cage était pliable. Cette bouillie de chair et de sang, cela n'est pas ragoûtant, est-il seulement tolérable de l'évoquer ? Je ne sais pas.

Mais je crois qu'il serait surtout criminel de continuer à l'ignorer. Parce que c'est bien ce que métaphoriquement nous faisons subir aux cerveaux de celles et ceux qui doivent nettoyer consciencieusement pour préserver notre inconscience. Alors, non, ce n'est pas joli. Mais de manière générale, ce que cachent toutes nos interfaces n'est pas un paysage riant.

Mais, vous demandez-vous peut-être, ces personnes ne sont-elles pas accompagnées psychologiquement pour endurer la violence de ces images ? Pas du tout. Parce que la plupart des travailleuses et des travailleurs dans ce domaine vivent dans les pays des Suds[12] – et en particulier en Afrique subsaharienne et en Asie du Sud-Est. Et nous arrivons aisément à fermer les yeux sur ces situations, à les oublier, parce que « c'est le Sud », « c'est l'Afrique », bref, « c'est loin tout ça ».

Pourtant, l'un des bénéfices du numérique et du développement d'internet, ce devait être de favoriser une proximité nouvelle, de franchir les frontières, de dépasser les océans et les kilomètres et de mieux investir notre « commune humanité ». Mais ça, c'est bon pour les publicités. Dans la réalité, nous continuons d'ignorer que, pour que la grande croisière des utilisateurs d'internet puisse s'amuser, il faut que dans les soutes triment comme des damnés des femmes et des hommes que nous ne cessons jamais d'exploiter, sans même en avoir conscience.

Pour notre confort, ce sont, par exemple, pour les travailleurs philippins, dix heures de travail et 25 000 images à consulter et trier par jour. Et si des chercheurs comme Sarah T. Roberts ont donné une visibilité à ces « nettoyeuses et nettoyeurs[13] », force est de constater qu'ils subissent la même invisibilisation que celles et ceux qui nettoient nos bureaux, nos entreprises, nos salles de cours et vident nos poubelles.

C'est « normal ».

Et cette « normalisation » révoltante touche aussi la production nécessaire à la création des produits numériques. Qui ignore aujourd'hui que, pour renouveler nos appareils, nous fournir le dernier modèle qui a un écran légèrement plus grand, ou pliable, il faut exploiter des enfants pour extraire les métaux rares. Où cela ? En Afrique.

Et où iront tous nos déchets toxiques produits par le numérique ? En Afrique, en Asie. Loin de nos yeux, en tout cas. Il faut dire que leur augmentation ces dernières années est tout bonnement vertigineuse. À l'échelle de la planète, une hausse de 82 % a été constatée entre 2010 et 2022, selon le rapport *Global E-Waste Monitor 2024*[14]. Pour l'Afrique, à l'horizon 2030, ce sont 72 millions de tonnes de déchets électroniques qui sont annoncés, soit vingt fois plus qu'il y a cinq ans[15].

Mais surtout, il y a un déséquilibre profond entre l'importance des décharges de déchets électroniques en Afrique et la production par habitant, qui est, en moyenne, de 2,5 kilogrammes de déchets électroniques par habitant, soit le taux le plus bas au monde. À titre de comparaison, ce chiffre est de 22 kilogrammes en France. Et l'Europe, quant à elle, est la principale région productrice de ces déchets. Or assure-t-elle leur récupération ? Non. Une part énorme s'en va donc vers le Sud, au mépris de la convention de Genève de 1992 pourtant très claire sur ce point : il est illégal d'exporter des déchets toxiques.

Alors, comment explique-t-on que tous ces déchets se retrouvent là-bas, dans des décharges à ciel ouvert où travaillent non seulement des adultes, mais aussi, très souvent, des enfants, comme dans celle d'Agbogbloshie, au Ghana, ainsi que l'a dénoncé le travail du photographe Muntaka Chasant autour de ceux que l'on appelle les « *burner boys* » ? Comment un trafic aussi injuste, illégal et dangereux peut-il avoir lieu sous les yeux de tout le monde sans aucune réaction politique d'envergure ? Tout simplement parce que la plupart de ces déchets sont expédiés sous le prétexte du marché d'occasion. On prétend qu'ils pourront être revendus et réutilisés alors qu'il n'en sera rien. Au Ghana, entre 10 et 20 % des ordinateurs récupérés se retrouvent réellement sur le marché. Le reste brûle dans des décharges, enfumant et intoxiquant celles et ceux qui y travaillent et, parfois, y vivent. La situation est bien connue des instances internationales : la Banque mondiale estime ainsi que ce sont 80 % des déchets électroniques qui sont envoyés illégalement dans des pays en développement. La conséquence ? Elle est résumée dans cet article du magazine *Le360 Afrique*[16] : « L'impact environnemental des déchets électroniques en Afrique représente 12,4 milliards de kg équivalents CO_2 en émissions de gaz à effet de serre, 6 000 kg d'émissions de mercure et 3 millions de kg de plastiques contenant des retardateurs de flamme bromés non gérés. »

Les modérateurs, les exploitations minières, les déchets électroniques : frappante est notre indifférence collective[17] face à ce qui ressemble pourtant à s'y méprendre à une forme de nouvelle colonisation.

Usure et autres effets pervers au niveau individuel

Le numérique a des effets néfastes sur la dynamique des relations Nord-Sud, sur l'environnement. Il a aussi, bien évidemment, un impact sur chacune et chacun d'entre nous ; des effets personnels nombreux, qui ne se limitent pas aux cas les plus graves, souvent évoqués, du harcèlement ou du suicide, mais qui viennent nous user, nous fatiguer, et dont nous ne sommes pas toujours conscients.

Nous nous aventurons ici encore sur des rivages risqués, sur des questions complexes. Oui, bien sûr, il y avait de l'anxiété, de l'angoisse, de la mélancolie et de la fatigue bien avant l'irruption des réseaux sociaux dans nos vies : après tout le *tædium vitæ*, ce dégoût de la vie qui empêche de se livrer aux activités quotidiennes, ou l'*acedia*, cet état de torpeur, qui, selon les théologiens, empêchaient le croyant de se rendre aux cérémonies, faisaient déjà l'objet d'analyses nombreuses et détaillées – et même les livres furent accusés des mêmes méfaits.

La santé mentale en question

Et, sans doute, il existe bien des traits qui persistent à travers les époques. Mais la nôtre accélère tout de même considérablement le phénomène. C'est à une *contagion des problèmes mentaux* que nous assistons, que nous le voulions ou non. Et si l'on peut débattre de l'ampleur du problème, du caractère multifactoriel de ses causes, des dangers de tout attribuer au seul smartphone, il est certain que cet objet ne nous aide pas. Comme le constatait Jonathan Haidt, universitaire américain spécialiste de psychologie sociale et d'éthique, professeur à l'université de New York, dans son ouvrage *Génération anxieuse*, il existe évidemment bien des nuances à faire. Par exemple, il souligne le contraste entre la clarté des chiffres s'agissant des filles – pour lesquelles le développement du smartphone au début des années 2010 marque bien un plongeon en matière de santé mentale, d'estime de soi et de bien-être – et les ambiguïtés qui existent quand on analyse le même phénomène chez les garçons[18]. Ainsi, en 2023, 57 % des adolescentes déclarent ressentir une tristesse persistante ou un désespoir : elles étaient 36 % en 2011. La même année, 30 % disent avoir envisagé le suicide : elles n'étaient *que* 19 % en 2011.

Parfois, pour minimiser les enjeux, certains soulignent que de tels phénomènes ne touchent pas tous les enfants – sans doute, et encore heureux ! Mais même sans arriver à ces situations les plus douloureuses, pensons-nous vraiment que passer en moyenne cinquante-six heures par semaine devant un écran – vingt heures pour le travail et trente-six heures pour les loisirs – soit si anodin ? Parce que, bien sûr, il faut distinguer les usages ! Mais il y a aussi derrière tous ceux-ci une caractéristique commune : une certaine immobilité, une certaine fascination, qui engendre alors une certaine passivité, en dépit de la dimension interactive des activités auxquelles nous nous livrons.

Parce que cinquante-six heures par semaine, c'est cent vingt-deux jours dans l'année, et vingt-sept ans au cours d'une vie[19]. C'est vertigineux, un peu comme quand on calcule à l'échelle d'une vie le temps passé dans son lit ou aux toilettes. Sauf que pour ces deux dernières activités, elles sont vitales. Il n'en est pas de même pour les écrans. Et au-delà de la lumière bleue qui fatigue les yeux, il y a toutes ces sollicitations et toutes ces stratégies qui épuisent notre attention.

Oui, se déploie peu à peu en moi, comme en vous, je l'imagine, une forme de désespérance sourde, indicible, et dont nous avons sans doute du mal à parler, comme si cela revenait à avouer quelque maladie honteuse. En effet, nous sommes exposés aux médias et aux réseaux sociaux en permanence. Or ceux-ci créent des attentes complètement déraisonnables. On se retrouve à comparer sa vie à des instantanés photoshopés quand ils ne sont pas fabriqués de A à Z (ou de 0 à 1) par une IA type Midjourney. On compare son existence à celle de stars entourées d'assistantes et d'assistants en tous genres qui, pour installer le décor que nous contemplons sous leur photo intitulée « un Noël en famille tout simple », ont pris trois jours et recruté une décoratrice d'intérieur !

Non seulement nous passons notre temps à nous comparer, mais nous le faisons avec des gens et un monde qui n'existent pas ! La frustration est maximale, et nous voici à notre tour soumis au « syndrome de l'Eldorado ».

Or nous le savons : la formule du bonheur réside dans la conformité entre le modèle que l'on se fixe et la réalité que nous accomplissons. Au contraire, plus l'écart est grand, plus nous nous sentons malheureux, quand bien même, objectivement, nous n'aurions aucune raison matérielle ou concrète de l'être. Et nous voilà à courir après un idéal, qui, au lieu de nous élever et de créer de l'émulation, nous rabaisse et engendre de la dépression. Parce que nous avons beau nous dire que ces images sont truquées, nous avons beau savoir que derrière la solitude apparente de l'influenceuse sur la plage dans son post Instagram se cachent les désastres d'un tourisme de masse ; notre cerveau le sait, nos émotions l'ignorent.

Et aux dégâts sur notre capacité à être heureux – ce qui n'est pas rien, vous en conviendrez – s'ajoutent des dégâts plus généraux sur nos facultés mentales.

Ce que signifie ne plus pouvoir se concentrer

Ces derniers mois, les rapports, les études et les écrits se sont accumulés pour tirer la sonnette d'alarme. C'est, par exemple, l'extension de la recommandation de privation totale des écrans de la période de 1 à 3 ans à la période de 1 à 6 ans, relayé par la Société française de pédiatrie[20] et d'autres associations dans une tribune publiée le 29 avril 2025 dans *Le Monde*[21]. Et ce qui vaut pour les enfants vaut également pour nous.

Intéressée par son ouvrage *Génération anxieuse*[22], j'ai interrogé Jonathan Haidt, qui m'a confié sa préoccupation quant aux effets, de mieux en mieux documentés, du numérique sur nos capacités cognitives, et en particulier sur notre concentration. S'il s'est principalement intéressé à la santé mentale dans son précédent livre, aujourd'hui, l'épidémie majeure, selon lui, est plus encore le déclin généralisé de la capacité d'attention. Un effet qui affecte massivement enfants, adolescents et adultes confondus. La dispersion de l'attention et le multitâche numérique diminuent la mémoire, la patience cognitive et la capacité à lire un texte ou un livre en entier. Sait-on par exemple que chaque interruption numérique coûte en moyenne vingt-trois minutes pour retrouver sa concentration après une notification et fragilise la capacité à soutenir une réflexion longue ou critique ? Les répercussions prévisibles sur l'économie seront absolument majeures. Plus les outils se multiplient et se rendent efficaces pour détourner notre attention et plus se pose la question du nombre de personnes qui seront encore capables de créer, d'innover, de lancer des entreprises ou tout simplement d'occuper un emploi. Comme Jonathan Haidt me le résumera dans une formule lapidaire : « Si tu es anxieux, tu peux toujours trouver un boulot. Si tu es incapable de te concentrer plus de trois minutes, non. »

On se retrouve alors devant un paradoxe. Pendant longtemps le progrès technique a été vu comme la garantie d'un gain de productivité : innovation rimait forcément avec amélioration. Le numérique, lui, change cela. Radicalement. La preuve, les études du cabinet de conseil Deloitte comme celles de l'Organisation de coopération et de développement économiques (OCDE) ne nous annoncent pas de gain faramineux, mais une perte abyssale. Leur chiffrage des pertes économiques massives dues à l'érosion de la concentration liée à l'excès de temps d'écran aux États-Unis ? 73 milliards de dollars par an. Et si l'on se concentre sur la question de la productivité individuelle, constat à nouveau sans appel : la surabondance des sollicitations numériques la réduit jusqu'à – 40 %. Ainsi naît un cercle vicieux où l'innovation, l'engagement collectif et la performance économique s'effritent dangereusement. La réalité de cette économie de l'attention, c'est qu'elle est non seulement éminemment discutable éthiquement, mais aussi quantitativement. Alors, bien sûr, certains se diront : « Ce sont les États-Unis, c'est différent », comme si nous n'avions rien de commun avec eux.

Mais la France n'est aucunement épargnée. Pourquoi le serait-elle ? Le rapport de la direction générale du Trésor consacré à ce sujet et publié en 2025 nous apprend qu'à court terme, l'économie de l'attention ferait perdre environ 0,6 point de PIB à notre pays et, à long terme, la dégradation des capacités cognitives et de la productivité liée à cette économie pourrait représenter entre deux et trois points de PIB[23]. C'est absolument colossal et effarant. Mais, apparemment, pas assez pour que tout le monde se mobilise, et que le débat public s'en empare. Peut-être le symptôme d'une dégradation plus avancée que nous ne le pensons...

Alors, bientôt, même le cerveau ne pourra-t-il plus rien pour nous ? J'exagère, sans doute. Néanmoins, nous assistons, pour la première fois dans l'histoire de l'humanité, depuis que ces tests existent, à un déclin généralisé et mondialisé des capacités cognitives évaluées.

Comme le titrait John-Burn Murdoch, chercheur en sciences des données et journaliste au *Financial Times* : « Le pic de puissance cérébrale a-t-il été dépassé par les humains[24] ? » En d'autres termes, sommes-nous dans une régression et une déchéance ? Il semble qu'en réalité, notamment parce que le développement des smartphones s'accompagne d'une baisse problématique de la lecture, la dynamique soit effectivement délétère :

> Nous semblons observer moins un simple déclin de la lecture en soi, qu'une érosion plus large de la capacité humaine à se concentrer et à appliquer ses facultés mentales.
> La plupart des discussions sur les impacts sociétaux des médias numériques se concentrent sur l'essor des smartphones et des réseaux sociaux. Mais le changement dans la capacité humaine à penser de façon concentrée coïncide avec quelque chose de plus fondamental : une transformation de nos relations à l'information.
> Nous sommes passés de pages web finies à des flux infinis, constamment actualisés, et à un bombardement ininterrompu de notifications. Nous passons moins de temps à naviguer activement sur le web et à interagir avec des personnes que nous connaissons, mais sommes plutôt confrontés à un torrent de contenus. Cela représente un

passage d'un comportement autodirigé à une consommation passive et à des changements de contexte constants.

Il y a là quelque chose d'essentiel : nous ne sommes pas faits pour l'infini. Nous ne sommes plus vraiment libres de ce que nous faisons, de ce que nous lisons, de ce que nous voyons. Nous ne recherchons plus vraiment quelque chose sur internet : ce sont les réseaux, les applications, les médias qui proposent. Voilà pourquoi nous ne pouvons pas penser le passage à l'écran comme une continuité de la page, le site comme un équivalent du livre ou internet comme une bibliothèque. Ce n'est pas un espace fixe à parcourir : c'est un tourbillon mouvant, une sorte de matière visqueuse dans laquelle nous nous entravons malgré nous. Jamais le livre ne viendra nous chercher au milieu d'un repas pour nous dire : « Viens me lire ! »

Surtout pas un livre que nous n'aurions pas déjà en notre possession.

Surtout pas un livre écrit par un amateur complet dont nous ignorons tout.

Surtout pas un livre parcouru d'annonces intempestives nous donnant de précieux conseils pour étendre la taille de nos organes génitaux... ou nous suggérer des « amis » qui n'en sont pas.

Il y a donc un véritable problème dans la manière dont nous pensons souvent l'espace en ligne par analogie avec des espaces existants : des pages, des sites, des plateformes... mais en réalité nous nous retrouvons face à des espaces distordus qui, à l'instar de certains trompe-l'œil, en viennent à fausser notre rapport à la réalité. D'autant que ces réseaux sociaux comme les services en ligne ne sont pas sans subir, eux aussi, une certaine régression, au fur et à mesure que le temps passe. Pourtant, me direz-vous, leur dégénérescence n'a rien d'une évidence. Après tout, ne sont-ils pas, justement, immatériels ?

Sans doute. Il n'empêche que le phénomène existe, et qu'à l'instar de Villon regrettant « les neiges d'antan », nous verrons peut-être bientôt quelque moderne troubadour chanter la complainte « des internets d'antan ». Cela sera sans doute plus poétique que le nom donné à ce phénomène de détérioration des services proposés en ligne : « la merdification », ou « *enshitification* » dans la langue de Shakespeare.

Le numérique, source et victime de la régression

La notion est forgée[25] par l'activiste et journaliste canadien Cory Doctorow. Son constat est simple : « C'était mieux avant. » Simple rengaine réactionnaire dont le grand historien de la philosophie antique Lucien Jerphagnon, dans un ouvrage fameux, avait montré l'inanité[26] ? L'affaire est plus complexe qu'il n'y paraît.

Le constat, en effet, est difficilement réfutable.

Pas de pub sur YouTube.

Pas d'obligations de connexion sur Facebook.

Pas d'impossibilité de partager un abonnement Netflix.

On ne payait pas. Maintenant on paye.

C'était simple et facile. C'est inutilement compliqué. On gérait. Nous sommes gérés.

En d'autres termes, oui, internet, c'était effectivement mieux avant. C'est ainsi que Cory Doctorow décrit son concept, en identifiant trois phases distinctives qui aboutissent, *in fine*, à une détérioration significative du service proposé :

> C'est cela la merdification [*sic*] : au départ, les bénéfices et les avantages des plateformes sont entièrement dirigés vers les utilisateurs ; ensuite, une fois que ces derniers sont piégés, ce sont les clients professionnels qui retirent tous les bénéfices et sont la principale cible des avantages ; enfin, une fois ces derniers piégés à leur tour, les plateformes récupèrent tout pour leurs actionnaires, et elles deviennent un tas de merde inutile [*sic*][27].

On perd en poésie ce qu'on gagne en clarté. Et, de fait, ce processus, que Cory Doctorow analyse aussi bien chez Amazon, Facebook, Twitter ou TikTok, semble effectivement très répandu. Le cas des jeux vidéo, avec leur commercialisation dématérialisée, est, à cet égard, exemplaire. On voit se multiplier les microtransactions, à tel point que la musique d'un jeu devient un DLC payant, soit un élément complémentaire à télécharger, au lieu de faire partie intégrante du jeu – déjà acheté et déjà payé soit dit en passant.

Mais en réalité, ce qui arrive ici est assez évident : cela s'appelle le capitalisme. Cela s'appelle la logique ultralibérale à tout prix et la segmentation progressive de ce qui était avant couvert par le seul achat du billet. Comment aurait réagi un voyageur de 1970 si vous lui appreniez que pour un voyage en train, la SNCF pouvait demander un supplément bagage ?

Cela lui aurait déjà paru saugrenu pour un avion, alors pour un train !

Le constat, malheureusement clair, est que l'environnement numérique, qui au départ était conduit par des idéaux de partages et la notion, très anglo-saxonne, des « communs », a rapidement été rattrapé par une autre logique, dont les effets délétères ne sont déjà plus à prouver.

Plus on parle de service, moins il y en a.

Plus on évoque le souci des usagers, plus celui-ci s'amoindrit au seul bénéfice des actionnaires.

Et voilà comment on en vient à un écosystème numérique dont il est souhaité, d'une certaine façon, qu'il soit le plus toxique possible, justement parce que cela devient nécessaire. Terriblement nécessaire. Pour qu'il soit rentable.

Résumons-nous

Les dégâts engendrés par les réseaux sociaux et le numérique touchent l'ensemble de la population et des domaines : à un niveau individuel et mondial, cérébral et environnemental.

En dix ans, nos déchets liés au numérique ont augmenté de 80 %.

Ces dégâts ne cessent de s'accentuer, avec une production de données par jour qui atteint 29 000 gigaoctets par seconde[28], une infobésité qui a aussi pour conséquence une baisse de notre capacité d'attention. Dès 2018, celle-ci est passée de douze à huit secondes, soit « une seconde de moins qu'un poisson rouge[29] » !

C'est en ligne, donc c'est abstrait ? Non. Les dégâts, eux, sont bien concrets.

CHAPITRE III

Tout, sauf du bien ! Ce que les réseaux font au débat et à la démocratie

> « Les réseaux sociaux ont donné le droit à la parole
> à des légions d'imbéciles qui avant ne parlaient qu'au bar
> et ne causaient aucun tort à la collectivité.
> On les faisait taire tout de suite.
> Aujourd'hui, ils ont le même droit de parole
> qu'un Prix Nobel. »
>
> Umberto Eco

« Who run the world ? » Titre d'une énergie débordante, la réponse à cette question dans le tube de Beyoncé était simple : « Girls » – « les filles » ! À l'époque, c'était plus un horizon qu'une réalité, mais au moins cela dessinait une certaine dynamique.

Alors, qui dirige le monde ? Bonne question.

Aujourd'hui, la réponse est tout aussi évidente, totalement déprimante :

– *des fanatiques à casquette rouge* ou adeptes des saluts « à la romaine » ;

– *des hommes qui font l'éloge de l'agressivité* – parce que c'est vrai que c'est exactement ce qui nous manque aujourd'hui ;

– *des personnes qui considèrent au fond que l'État ne sert à rien* – ce qui est pour le moins ironique, étant donné que leurs fortunes se sont édifiées sur des technologies précisément développées par l'État[1].

Savoureux non ?

Vous l'aurez compris, la période s'avère déprimante pour qui s'intéresse au numérique, aux réseaux sociaux, et à leur impact sur notre vie, tant personnelle que politique. Au fur et à mesure que défilent les analyses et les rappels historiques sur les saluts à la romaine[2] – qui effectivement existaient à Rome, mais durant les années 1920, pas du tout dans l'Antiquité – et que s'accumulent les annonces de dérégulation de la modération sur l'ensemble des réseaux dirigés par Meta, une idée s'impose peu à peu. Pourquoi lutter ? Pourquoi ne pas se contenter de rester tranquillement dans sa bulle internet, à regarder des vidéos de chatons et de chiots qui se rencontrent pour la première fois ?

Il y a quelque chose de fascinant dans le spectacle qui se déroule sous nos yeux, de totalement effrayant : voici que tout à coup les rapports entre les GAFAM et les politiques deviennent plus clairs que jamais. Musk et Zuckerberg ne font, en définitive, qu'assumer ce que tout le monde savait. Les superpuissances de notre époque sont peut-être moins des États que des entreprises. Et dans ce jeu dangereux, les réseaux sociaux commencent à avoir une importance absolument démesurée, et à assumer le diagnostic posé à leur sujet il y a quelque temps déjà par les chercheurs : le meilleur moyen de les analyser est de les considérer comme des acteurs à part entière de la géopolitique. Non seulement par l'exposition qu'ils offrent, par les réseaux qu'ils fournissent, voire les fraudes et la propagande qu'ils permettent. Mais parce que ce sont des acteurs avec des moyens énormes, des intérêts propres, et qu'il est grand temps de ne plus les considérer comme des entreprises comme les autres, mais bien d'interroger les relations que nous souhaitons entretenir avec eux, si ce n'est les conflits que nous devrions peut-être assumer.

Leur impact sur notre rapport à la politique et aux politiques est loin d'être anodin, comme le constataient les chercheurs Romain Badouard et Charles Girard dans leur introduction au numéro de la revue *Esprit* consacré, en 2021, à la démocratie sur internet :

> […] cette organisation [de la démocratie sur les réseaux], en constante évolution depuis l'invention d'Internet, n'est ni nécessaire ni naturelle. Sa forme actuelle est largement dictée par les grandes plateformes de réseaux sociaux et de partage de contenus, qui concentrent désormais une part très importante des usages. Ces entreprises multinationales, dont le modèle économique repose sur la centralisation et la commercialisation des données des utilisateurs, exercent aujourd'hui un pouvoir immense. Qu'elles l'admettent ou non, elles sont aujourd'hui les organisatrices du débat en ligne. Ce rôle leur a été abandonné par les gouvernements démocratiques et ce sont les conséquences de cet abandon qui sont aujourd'hui déplorées[3].

Eh oui, assumer l'organisation du débat tout en montant à la tribune d'un candidat avec des sauts de cabri et d'enfant hyperactif déchaîné, cela pose problème. Entendons-nous bien : les médias ont toujours eu des rapports au pouvoir, et plus ou moins soutenu telle candidate ou tel candidat. Encore aujourd'hui, il est évident que Philippe Poutou ne fera pas la Une de *Valeurs actuelles* avec le titre « Et si c'était lui ? », de la même manière que *Le Monde diplomatique* ne nous livrera pas une tribune sur les vertus de Bardella. Et c'est bien la raison pour laquelle les médias ont une ligne éditoriale, et ne prétendent nullement à la neutralité mais à l'objectivité, ce qui n'est pas tout à fait la même chose, et qui n'est pas toujours atteint. Et si un média se dit neutre, ni de droite ni de gauche, alors vous pouvez appliquer l'adage du philosophe Alain :

> Lorsqu'on me demande si la coupure entre partis de droite et partis de gauche, hommes de droite et hommes de gauche, a encore un sens, la première idée qui me vient est que l'homme qui pose cette question n'est certainement pas un homme de gauche[4].

Mais le problème est que les réseaux sociaux n'en sont même pas à interroger les notions d'objectivité et de neutralité. Ils se dégagent de toute responsabilité. Ils affichent, à chaque polémique, à chaque scandale, la même réponse : « Qu'y pouvons-nous ? Nous ne sommes que de simples hébergeurs de contenu. » Et ils baissent la tête l'air contrit, impuissant, et désolé, sincèrement désolé… toutes ces choses atroces, si seulement nous pouvions y faire quelque chose, si seulement les pédophiles ne sévissaient pas autant sur les plateformes de partage de vidéo, si seulement nous savions comment traiter la propagande et empêcher la circulation d'images d'exécutions et d'attentats… ah… oui… si seulement. Mais qu'y peuvent-ils ?

L'absence de responsabilité des réseaux sociaux

En réalité, ils y peuvent beaucoup. Surtout qu'ils sont ultra-dominants, ultra-majoritaires, et par là même devraient être traités comme n'importe quel média, et non pas comme un simple hébergeur de contenu, ce que l'absence d'évolution de la loi américaine dans ce domaine leur permet depuis de nombreuses années. Arrêtons-nous un instant sur ce point, parce qu'il est décisif, et souvent mal appréhendé. Il repose sur la distinction entre hébergeur et éditeur. Le premier accueille quelqu'un qui, possiblement, peut se mettre à la fenêtre et crier des insanités. Il n'en est pas responsable. L'hébergeur a simplement fourni un lieu, il n'a nullement poussé l'autre à s'exprimer de la sorte. L'éditeur, lui, vous accueille, vous demande ce que vous avez l'intention de crier par la fenêtre, voire vous demande spécifiquement de crier quelque chose, et, après accord, il ouvre la fenêtre.

On comprend alors que dans le second cas, la responsabilité est accrue. Mais on perçoit aussi à quel point une telle vision, un peu trop schématique, ne correspond pas aux médias numériques, qui ont, par le passé, fait l'objet d'un classement sans doute un peu rapide.

La section 230 du *Communication Decency Act* de 1996 stipule en effet qu'un « fournisseur de services interactifs ne peut pas être tenu pour responsable du contenu publié par d'autres » : en clair, alors que l'éditeur d'un journal est responsable du contenu qu'il publie, en assumant la sélection, la modification et la diffusion, un hébergeur lui fournit « simplement » un outil technique, mais sans contrôle éditorial préalable. Or, d'une part, ce n'est pas tout à fait vrai – il y a bien des vérifications qui sont faites –, mais surtout la simple date de la loi devrait nous alerter : une loi de 1996 ne peut décemment pas régir l'internet de 2025. Cela n'a aucun sens. Et cela irresponsabilise totalement les GAFAM, en dépit des avancées européennes dans ce domaine, nous y reviendrons.

Mais, après tout, peut-être que cela n'est pas si grave. Et que les réseaux sociaux sont effectivement un bon endroit pour débattre et échanger. Après tout, n'est-ce pas ce qui nous est vanté à longueur de publicité, à quel point tout cela nous ouvre les uns aux autres ?

Eh bien non.

Les réseaux sociaux sont nuls pour organiser un débat démocratique équilibré, respectueux, impartial et non biaisé. Et ce pour plusieurs raisons, certaines indépendantes de leur volonté, notamment les biais cognitifs – mais on a vu combien ils savaient en jouer à leur propre profit –, d'autres totalement dépendantes – notamment l'absence de modération et de lutte contre le complotisme.

Reprenons ces deux aspects et tentons de comprendre pourquoi tout débat sur internet finit invariablement par voir l'emporter la parole du tonton sexiste, raciste et bourré qui constitue l'immanquable convive de tant de fêtes de famille.

La violence, ça fait vendre…
et, malheureusement, c'est vrai

D'abord, c'est un organisateur qui favorise l'agressivité.

Cela repose certes initialement sur le fonctionnement de notre esprit, qui va accorder plus d'importance à une mauvaise expérience qu'à une bonne, mais surtout cela tient à la façon dont les algorithmes, dont nous parlerons plus longuement par la suite, favorisent ce type de contenu. Plus c'est violent et plus cela engendre de la colère, plus vous pouvez être certain que cette matière sera mise en évidence. Et ne parlons même pas du cas où le compte qui véhicule un tel contenu est celui du propriétaire du réseau. D'autant plus qu'un second trait des réseaux sociaux vient favoriser tout cela : l'anonymat. Rien de plus énervant au fond que de constater à quel point cet anonymat, bien réel en dépit des adresses IP, peut s'accompagner ensuite, quand les personnes sont amenées à rendre des comptes dans la vie réelle, d'amères lamentations – parfois d'ailleurs tout à fait sincères.

« Je jouais un rôle. »

« Les mots ont dépassé ma pensée. »

« Je ne voulais pas faire de mal. »

La litanie des phrases banales et clichées ne cesse jamais, mais le mal est fait. Surtout, pour *un* individu qui va se retrouver confronté aux conséquences de ses actes (et elles peuvent être très importantes, notamment pour des artistes ou des personnalités publiques), combien d'autres continuent d'agir avec ce sentiment d'impunité qui conduit si souvent à des propos d'une violence insoutenable… Combien de streameuses, activistes ou non, menacées de viol à longueur de commentaires, tout simplement pour avoir eu une position féministe ? Voire tout simplement parce que ce sont des femmes qui apparaissent sur des réseaux sociaux ? Et pourtant, combien de résistances encore devant la fin de l'anonymat sur ces mêmes réseaux ?

Eh oui, il y a effectivement des cas où cette fin de l'anonymat peut être problématique, mais, soyons francs, ce ne sont pas tant des militantes et des militants des droits de l'homme qui en bénéficient, mais le plus souvent des êtres toxiques et mal intentionnés qui déversent des tombereaux d'abjections parce que cela les soulage, un instant, mais un instant seulement, et puis on se sent fort, on se sent exister, et puis c'est pas si grave, après tout… et ainsi naissent les harcèlements, les campagnes massives contre telle ou telle personnalité, parce que qui pourrait vous retrouver ? Pas tant de gens que ça, manifestement…

Mais, me direz-vous, les gens qui produisent ce type de contenu vont se retrouver opposés ensuite à d'autres qui pourront les contredire. C'est aussi ça, la démocratie et le débat. Malheureusement, ce n'est pas si simple. Et voici que surgit un nouveau principe : la loi de Brandolini, ou « le principe d'asymétrie du baratin[5] ». Voilà une formule tout à fait croquignolesque, mais derrière ses sonorités italiennes et son charme désuet, cet effet est on ne peut plus dévastateur pour le débat public.

La loi de Brandolini : pourquoi affirmer une chose fausse est plus efficace que démontrer la vérité ?

« La terre est plate ! La preuve ? On ne tombe pas. » Deux secondes maximum pour l'affirmer. Et au moins une dizaine de minutes pour l'infirmer. C'est cela, la loi de Brandolini, un principe qui pose que « la quantité d'énergie nécessaire pour réfuter du baratin est beaucoup plus importante que celle qui a permis de le créer[6] ». Et non seulement cette asymétrie initiale serait en elle-même déprimante, mais comme le souligne Laurent Vercueil, chercheur français qui a contribué à populariser cette loi, elle s'accompagne d'un certain nombre d'effets pervers supplémentaires :

– Asymétrie de l'impact : la diffusion massive assure au baratin un impact bien plus élevé que tous les désamorçages qui suivent.

– Asymétrie de la rétention mnésique : la trace laissée dans la mémoire par le baratin est bien plus profonde que toutes les informations qui viendront ensuite le démentir.
– Asymétrie de l'onction : celui qui propage du baratin est oint d'une aura avantageuse, tandis que celui qui tente de ramener à la raison, est un rabat-joie, un pisse-froid, ou un tâcheron laborieux qui ne comprend rien à la gloriole de l'info[7].

Je vais vous avouer une chose. Découvrir la loi de Brandolini a été pour moi un immense soulagement. Pas vraiment une bonne nouvelle, non, mais un élément rassurant. Parce que j'avoue qu'au fil des années, en particulier quand j'ai été ministre de l'Éducation, j'avais le sentiment de ne pas comprendre pourquoi, malgré les soins apportés pour démentir un certain nombre de rumeurs (amis de l'accent circonflexe bonjour[8] !), je me retrouvais toujours, à un moment ou à un autre, confrontée à quelqu'un, parfois des journalistes, qui revenait sur cette prétendue réforme.

Et, en toute honnêteté, entendre sans cesse répéter que je voulais rendre l'apprentissage de l'arabe obligatoire pour servir l'établissement d'un califat en France était lassant. Mais quand en plus vous faites l'objet d'appel au meurtre dans la revue interne de l'État islamique – et ceci n'est pas une *fake news*, en l'occurrence… –, un sentiment d'absurdité absolu s'empare de vous, et il est difficile de ne pas avoir envie de hurler, de colère, de frustration.

Mais revenons à ces asymétries et à leurs conséquences dans un débat démocratique : c'est la victoire des insanités et des mensonges – parce que, oui, « baratin » est tout de même un sacré euphémisme. Et voir triompher non seulement le mensonge et l'ignorance, mais en plus observer à quel point ils gagnent une influence grandissante sur les réseaux, cela nous rappelle à la fois l'importance et l'urgence du travail de nos enseignants, mais également la nécessité de ne pas laisser un espace aussi grand et nocif pour des discours qui avaient vocation à rester minoritaires, et se répandent de plus en plus.

La conséquence ? Les études sérieuses, sur des sujets graves – au hasard : le réchauffement climatique –, se retrouvent noyées sous des nappes de doute savamment entretenu… Ne surnagent alors que des aberrations qui font le buzz, et voilà que la question de savoir si la terre est plate ou non se retrouve au centre du débat…

Et on ne peut même pas totalement en avoir après celles et ceux qui s'interrogent sur ces enjeux pour la simple raison qu'ils arrivent à de telles conclusions à cause du fonctionnement même des algorithmes et des bulles cognitives – ces renvois vers des contenus toujours du même genre (par exemple, ceux en faveur d'une terre plate), confirmant une idée, et remplaçant un échantillon varié et scientifiquement validé de propositions qui permettrait au contraire une remise en question.

Voilà pourquoi « votre » internet n'est pas le mien. Les résultats d'une recherche varient en fonction des recherches passées. C'est ce qui rend certains moteurs si efficaces. Mais c'est aussi ce qui explique pourquoi une même question pourra aboutir à des conclusions radicalement différentes.

Nous naviguons toutes et tous dans des bulles informationnelles étanches les unes aux autres, qui, évidemment, nous radicalisent : si tous les êtres humains, tous les contenus que je croise sur internet vont dans mon sens, comment est-il possible qu'il y ait encore des personnes qui ne soient pas d'accord et minimisent, par exemple, le danger que représentent les reptiliens ?

Naturellement, l'évolution de la modération sur les réseaux ne va rien arranger. En proposant de confier celle-ci aux utilisateurs, on renforce encore les risques – un membre du Ku Klux Klan n'ayant, étrangement, pas la même sensibilité qu'un syndicaliste kanak sur la question du racisme et du colonialisme…

Donc, les réseaux, espaces de débats ? Pas vraiment. Non seulement parce qu'ils favorisent des propos excessifs et mensongers – ce n'est pas rien –, mais encore parce qu'ils ne permettent pas vraiment la confrontation avec des idées différentes, ainsi que les multiples travaux sur les « bulles d'internet » l'ont montré.

Ainsi, les propos les plus extrêmes gagnent, et, de surcroît, ils installent une impression de banalité, de « normalité », créée par les algorithmes – et voici comment, dans le débat public, on peut, comme Trump, sereinement parler de déportation de masse, de sang de la nation empoisonné et infecté par les étrangers[9], sans que cela vienne entraver une élection à la présidence des États-Unis, bien au contraire…

Ce qui m'amène au dernier point concernant le débat démocratique sur internet : la manière dont il favorise la discrimination.

Comment internet discrimine

La situation est déjà délicate, pour les minorités, quand il s'agit de débattre dans des espaces publics. Même ceux qui devraient être des espaces sûrs et sereins. Si, dans les assemblées générales, de nombreux biais conduisent les femmes, par exemple, à moins prendre la parole que les hommes, cela s'accompagne sur internet d'une violence particulièrement prononcée à leur égard.

Un youtubeur pourra recevoir des insultes : ce sont des choses qui arrivent, malheureusement.

Mais ce sera toujours moins fréquent que ce qu'endurera une youtubeuse, laquelle aura rapidement le droit à des appels au viol, à des attaques sur son physique, parce que, sur internet, on sait rigoler et parler aux femmes. Comme le rappelle une étude Ipsos de 2022 pour l'association Féministes contre le cyberharcèlement[10], 84 % des victimes de cyberviolence sont des femmes. Étonnant, non ? Ces phénomènes d'agression et de discrimination s'accompagnent également, et presque paradoxalement, d'une invisibilisation – mise en évidence par l'enquête « La femme invisible dans le numérique : le cercle vicieux du sexisme[11] ». Mais ces effets pervers vont bien au-delà, comme l'a montré la journaliste Mathilde Saliou[12]. Et ses exemples sont pour le moins… éloquents.

Ainsi, demandez à Siri où trouver du viagra : aucun problème, la réponse se fera dans les meilleurs délais, et une voix suave et sûrement féminine vous guidera aisément vers votre précieuse petite pilule bleue, messieurs. En revanche, mesdames, imaginez qu'obnubilée par votre pilule à vous, vous ayez oublié tout moyen contraceptif avec votre partenaire – parce que bien sûr, la contraception, c'est l'affaire des femmes. Si vous vous adressez à Siri, cette fois-ci pour trouver un centre d'avortement… eh bien, rien. Nada. Pour Siri, l'avortement n'existe pas. Seulement le viagra. À chacun ses priorités, et on aura compris celles de Siri. Ou plutôt de ses programmateurs.

Mais, je vous rassure, les femmes ne sont pas toujours invisibilisées, non ! Leur présence sur internet est souvent liée à du contenu violent et sexuel, voire totalement dégradant et humiliant. Une humiliation qui ne se cantonne malheureusement pas aux sites pornographiques. Nombre des contenus dits « comiques », sur YouTube et ailleurs, quand ils mettent en scène une femme, le font dans un but dégradant.

Tout cela, n'est évidemment pas sans conséquences. Comme le souligne France Stratégie dans son rapport « Lutter contre les stéréotypes filles garçons » du 12 mai 2025[13], on observe une résurgence des stéréotypes sexistes chez les jeunes adultes (18-24 ans), après dix années de baisse continue. En 2022, 57 % des 18-24 ans déclarent que « les mères savent mieux répondre aux besoins des enfants que les pères », contre 50 % en 2014. En 2014, 35 % pensaient que « les femmes font de meilleures infirmières » : ils sont 41 % en 2022. Et parmi les 17-19 ans, 51 % pensent, en 2022, qu'« il vaut mieux que la mère arrête de travailler lorsqu'un enfant naît ».

La raison ? On ne peut plus claire. Les réseaux sociaux. Ces derniers constituent, selon les termes mêmes qui accompagnent ce rapport, « une arme de construction massive des stéréotypes de genre, en les relayant et les amplifiant, dès le plus jeune âge[14] ». Ainsi, 68 % des contenus Instagram et 88 % des contenus YouTube véhiculent des clichés de genre selon le rapport 2024 sur l'état du sexisme en France du Haut conseil à l'égalité entre les femmes et les hommes. Construire ce qui détruit, ce qui fragilise, et ce qui peut parfois conduire au pire. L'affaire n'a rien d'anodin. Il s'agit bien de notre avenir commun. Pourtant, les outils numériques semblent de moins en moins assumer la cohésion, et de plus en plus nous fragmenter et nous ségréguer.

Bref, difficile de débattre quand cela implique à la fois invisibilisation et violence à l'égard d'une moitié de l'humanité. Vous me direz que nous sommes habituées – là est le pire… –, mais je ne peux pas et ne veux pas m'y résigner. Après tout, comme le résumait si somptueusement Samuel Beckett : « L'habitude est l'ancre qui relie le chien à son vomi. » Pas très joli, mais je pense que nous sommes nombreuses à en avoir assez de faire du « joli joli » et de devoir rester bien élevées et réservées devant le traitement qui nous est infligé.

Les femmes ne sont pas les seuls dindons de cette farce. La façon dont les différents logiciels de reconnaissance faciale présentent des bugs dès qu'il s'agit de personnes non blanches ne devrait cesser de nous scandaliser : Joy Buolamwini et son équipe au Massachusetts Institute of Technology (MIT) ont longuement étudié ces biais des logiciels de reconnaissance faciale à travers le projet *Gender Shades*[15]. Ils racontent entre autres des individus arrêtés à cause de l'incapacité d'un tel logiciel à fonctionner correctement parce que leur peau était légèrement foncée, ou encore le cas de femmes noires auxquelles les logiciels attribuent par erreur, dans plus de 30 % des cas, un sexe qui n'est pas le leur. Et le développement des IA n'a pas vraiment de quoi rassurer en la matière : dans une expérience menée sur le logiciel Rekognition d'Amazon, 40 % des membres du Congrès confondus avec des criminels étaient des personnes de couleur, quand ces derniers ne constituent pourtant qu'une petite minorité de l'assemblée…

Ashwini K. P., rapporteuse spéciale de l'Organisation des Nations unies sur « les formes contemporaines de racisme, de discrimination raciale, de xénophobie et de l'intolérance qui y est associée », souligne les risques engendrés par le développement de ce que l'on appelle « la police prédictive », moteur prévisible d'une perpétuation des biais et des injustices du passé. Les conséquences sont évidemment gravissimes : amplification des contrôles injustifiés nourris par des stéréotypes raciaux et ethniques, concentration des contrôles dans des quartiers où il y a davantage de personnes d'origine étrangère, gonflement des statistiques qui nourrissent les algorithmes prédictifs, renforcent le ciblage de ces quartiers et le déploiement de policiers supplémentaires qui, à leur tour, contrôleront davantage certaines populations… Bref, un cercle vicieux, qui aggravera encore la situation plutôt que de la pacifier[16].

Malheureusement, l'IA n'apprend pas en plongeant dans des ouvrages historiques, ou bien dans des études de sociologie : elle joue aux dés. Elle ne pense pas. Elle parie. Ainsi, quand elle crée un texte, elle tente de prédire la suite d'une phrase en se fondant sur les statistiques des données qu'on lui a fournies. Probabilité qu'après « ils vécurent heureux et » suive « eurent beaucoup d'enfants » dans les textes passés ? Très élevée. Alors, c'est ce que l'on écrit. Encore et encore. De la sorte, quand il s'agit de police et de justice, quand la plupart des fichiers viennent associer certains quartiers à des taux élevés d'arrestations et de condamnations qui doivent beaucoup au racisme et aux inégalités sociales, fatalement, on reproduit la même stigmatisation. Mais plus vite. Plus fort. Avec les données viciées d'un passé, on produit des prédictions, tout aussi viciées, mais concernant l'avenir. Et ainsi se perpétuent des assignations, des discriminations, et, pire encore, une malédiction. Encore une.

Questionnons nos modèles. C'est urgent. Car ce qui est survalorisé dans la construction de ces logiciels, comme ce qui régit nos algorithmes pour l'essentiel conçus en s'appuyant sur des études de psychologie, c'est le profil dit « WEIRD », alors même que ce dernier est au contraire minoritaire à l'échelle de la planète

Attention, quand je parle de WEIRD, je n'entends absolument pas le sens anglais de l'adjectif « bizarre » ou « étrange ». Non. Le WEIRD, ici, n'a rien d'étrange – et surtout rien d'un étranger ! La catégorie que désigne cet acronyme est en effet la suivante : « Western, Educated, Industrialized, Rich, Democratic ». Rien de *weird* ici, donc. WEIRD, c'est l'étudiant américain issu d'une famille aisée. Or, si l'on a déjà longuement documenté la surreprésentation de ce profil dans les études de psychologie sociale[17] (comme le rappelait l'essayiste américain Anand Giridharadas, 68 % des sujets de recherche des principales études en psychologie sont Américains, et le pourcentage quand on élargit aux nations occidentales industrialisées monte tout d'un coup à 96 %[18]), il semble également que ce soit le modèle dominant pour les principales applications développées, justement aux États-Unis, qui puisent largement dans les études en psychologie sociale et cognitive. Il y a ici, à tout le moins, matière à penser… et à penser autrement.

Voilà pourquoi il est important de ne pas envisager les réseaux sociaux et les applications en brandissant, comme on me l'a parfois asséné lors de débats, la neutralité de l'outil. Internet n'est pas neutre – ou, pour être plus précis, les outils et les programmes auxquels nous accédons par internet ne sont pas neutres.

Pourquoi neutralité ne veut rien dire…

Mais alors, me direz-vous sans doute, pourquoi cette impression d'avoir entendu, moult et moult fois, et parfois, par exemple, sur des pétitions, l'expression de « neutralité du net » ? C'est que l'on mélange ici deux notions très différentes : la neutralité du net existe bien – et heureusement ! Il s'agit d'un concept théorisé par l'universitaire américain Tim Wu, qui suppose que tout le monde a accès à la même bande passante, sans possibilité pour les fournisseurs d'accès de favoriser tel ou tel contenu, Netflix plutôt que le blog de la maison de retraite des Longs Soupirs… En revanche, la neutralité de ce qui se déploie sur les réseaux et les bandes passantes est totalement nulle et non avenue. S'y jouent des rapports de force, de pouvoir, des enjeux internationaux, et, donc, de nombreux biais, présents aussi bien dans la façon dont nous programmons que dans les banques de données que nous sollicitons ou dans les études de psychologie sur lesquelles nous nous appuyons.

Le cadre dans lequel se déploie le débat, on le voit, est donc tout sauf bénéfique. Une organisation des échanges démocratiques confiée à l'équivalent d'un tonton raciste, sexiste et misogyne. Et des « bulles d'internet », qui n'ont rien de spéculatives, et qui, au contraire, empêchent toute spéculation au sens étymologique du terme : « observer », « réfléchir ». La spéculation s'y révèle à l'inverse spéculaire : « Miroir, mon beau miroir, dis-moi qui pense comme moi ? »

Pour résumer – tout ceci est bien documenté et facilement accessible en ligne, preuve, aussi, de l'utilité d'internet –, nous sommes face à un phénomène engendré par des algorithmes qui nous conduit, en définitive, à ne plus être confrontés qu'à des contenus qui renforcent nos idées et nos préjugés, au lieu de nous exposer à des propos qui seraient en désaccord avec les nôtres. Le contraire d'une assemblée, donc, et le contraire, finalement, de l'impératif que nous prescrivait Montaigne au cœur de la Renaissance et des tensions qui la traversaient, lorsqu'il recommandait de « limer et frotter sa cervelle contre celle d'autrui ». Là où un lieu physique comme l'Assemblée nationale commande une coexistence de fait avec celles et ceux que l'on combat, internet nous l'épargne. C'est pratique, sans nul doute. Est-ce réellement bénéfique d'un point de vue politique et intellectuel ? J'en doute.

Donc j'entends bien la demande de respect de la liberté d'expression de la part de celles et ceux qui défendent l'absence de modération sur les réseaux sociaux et qui vantent leurs vertus. Mais encore faudrait-il savoir de quelle expression nous parlons. J'entends celles et ceux qui y voient un espace de débat. Mais est-ce vraiment ce débat-là qui nous fait envie ? La démocratie mérite mieux.

Il est temps d'instaurer des règles

Au moment où je ne cesse de me questionner sur la nocivité des réseaux sociaux, peut-être faut-il aussi envisager d'interroger la toxicité de leurs dirigeants. Moins de règles et moins de contrôles sur les contenus, est-ce vraiment la bonne dynamique ? Défendre le droit des internautes à s'autogérer a autant de sens que de demander à des industries ultra-polluantes et nocives de se réguler. Rien ne va se passer, et, au contraire, les effets pervers seront encore plus accentués. Pourquoi ? Parce que, malheureusement, sur les réseaux, la nocivité paie. Au propre comme au figuré. Un clash est le meilleur moyen d'obtenir des vues. On ne buzze pas par la bienveillance et l'écoute. On peut le regretter, cela doit beaucoup au fonctionnement de notre cerveau, mais on doit surtout en assumer les conséquences. Par ailleurs, le lâcher-prise que nous donnent à voir ces dirigeants ne vient-il pas témoigner également de la puissance de leurs marques et de leurs réseaux ? Comment se fait-il que X n'ait pas plongé après le salut – absolument pas romain, donc – de Musk ? Pourquoi les ventes de Tesla ont-elles chuté, mais pas les abonnements à X ? Comment se fait-il que le dirigeant de Meta puisse faire l'éloge de *l'agression* – car c'est bien le mot qu'il emploie, et non celui d'*agressivité*, comme on l'a souvent traduit en français – sans que Facebook ne se trouve totalement déserté ?

L'absence de réaction dans ce domaine est frappante, surtout quand on observe à quel point une communauté soudée et déterminée peut parfois contribuer à faire reculer les GAFAM. Malheureusement, le dernier grand recul en date ne s'est pas fait au nom de valeurs humanistes, mais bien face à la grogne des joueuses et des joueurs devant l'annonce de l'absence de jeu hors ligne sur Xbox One en 2013 – un projet finalement abandonné.

Mais même ces communautés très réactives semblent demeurer inactives devant l'évolution de leur industrie culturelle.

À quel moment a-t-on admis qu'acheter un jeu ne suffisait plus, mais qu'il fallait renouveler l'achat à plusieurs reprises par l'intermédiaire de microtransactions et de *season pass* ?

À quel moment tolère-t-on qu'un jeu vidéo sorte en même temps qu'un patch massif[19] pour corriger tous les défauts et les bugs que l'on n'a pas pris le temps de régler en temps et en heure pour sortir précisément avant la clôture des comptes pour l'année fiscale ?

Petit à petit, nous acceptons des conditions qui nous auraient révoltées si elles nous avaient été proposées directement.

Petit à petit, nous acceptons que des entreprises avec des intérêts privés décident des règles du débat public et démocratique, voire aillent jusqu'à proposer des récompenses monétaires pour des votes en leur faveur, sans scrupule, avec cette bonhomie viriliste que résumait la célèbre réplique des *Valseuses* de Bertrand Blier : « On n'est pas bien là ? » Eh bien non.

On n'est pas bien là.

On n'est même pas bien du tout.

Et nos envies ne comptent plus guère.

Nous sommes devant ces inventions auxquelles nous avons contribué, ne serait-ce que par l'usage que nous en faisons, comme autant de Docteurs Frankenstein désorientés devant l'horreur de ce que nous avons créé, et, malheureusement, il semble que notre possibilité de reculer face à ce phénomène s'amenuise chaque jour qui passe. L'ombre de la créature grandit sans cesse, s'étend sur nous, et elle nous apparaît de plus en plus puissante et menaçante.

Vous l'aurez compris, au terme de ce catalogue, on oscille entre un sentiment d'alarme et, toujours, une certaine perplexité. Souvent nous revient l'image de la pomme de terre. Souvent revient l'idée que si tout cela peut accentuer certains problèmes, il est difficile de prouver une causalité forte.

Alors, pour celles et ceux qui, devant les différentes références et les diagnostics convergents, conservent le sentiment que j'exagère, que je serais une sorte de réactionnaire qui, décidément, ne comprend rien aux nouvelles technologies, je vous propose de nous tourner désormais vers un autre volet de la question.

Le meilleur moyen pour bien saisir ce qui est à l'œuvre ici est d'avoir en tête les stratégies des principales entreprises du secteur. Car si les études scientifiques peuvent s'avérer particulièrement complexes, on peut tout de même observer nombre de faits objectifs qui permettent de réaliser que ce que nous abordons ici n'est pas un incident, n'est pas un phénomène involontaire, mais s'inscrit au contraire dans une démarche bien assurée reproduisant, et je reviens à mon analogie initiale, le modèle économique du tabac.

En effet, à y regarder de plus près, nous avons affaire à des individus qui se comportent à bien des égards davantage comme des organisations criminelles. Pour reprendre la formule de Lindsey Graham, sénateur américain lors de l'audition des dirigeants des Big Five, « des gens qui ont du sang sur les mains[20] ». Les mots sont graves, j'en conviens.

De GAFAM à MAFIA, il n'y a qu'une lettre à changer. Et quelques autres à déplacer.

Résumons-nous

Internet n'est pas un endroit neutre. Les réseaux sociaux ne favorisent pas un débat apaisé, équilibré, documenté. C'est même tout l'inverse.

Les réseaux sociaux augmentent les phénomènes de discrimination et les dynamiques racistes et sexistes.

C'est difficilement remédiable par la seule bonne volonté. La loi de Brandolini – qui stipule qu'une erreur se diffusera toujours plus efficacement que sa réfutation – explique en partie cela.

Les réseaux sociaux ne sont définitivement pas sociables. Ils sont cet oncle raciste et sexiste relégué en bout de table. Alors ne les laissons plus en occuper le centre.

CHAPITRE IV

Où l'on interroge sereinement les affinités électives des GAFAM et de la mafia

« Il y a seulement deux industries
qui nomment leurs clients "*users*" :
les drogues illégales et les logiciels. »

Edward Tufte

Vous connaissez peut-être la photo réalisée par Robyn Twomey pour le magazine *Fortune* en 2007. On y voit des anciens de PayPal – surnommés la « PayPal Mafia » –, en costume, imitant l'atmosphère de la série *Soprano* ou des films du *Parrain*. On y retrouve, évidemment, Peter Thiel, mais aussi Max Levchin, *chief executive officer* de Slide et directeur de Yelp, Jawed Karim, cofondateur de YouTube, et bien d'autres figures de la Silicon Valley. Cette photo se voulait, évidemment, parodique. Et pourtant. La façon dont elle affiche, dans une revue respectée, les affinités de la Silicon Valley et de la mafia, est peut-être plus sérieuse qu'on ne le pense.

Donc, revenons au sens même des entreprises qui dominent le secteur du numérique, que l'on pense aux GAFAM ou bien aux Big Five, et interrogeons, avant toute entrée dans l'histoire de l'entreprise, ce récit tout simple : pourquoi, parmi les créateurs des réseaux, certains ont voulu en protéger leurs enfants en les inscrivant dans une école sans écran, la célèbre Waldorf School of the Peninsula de Los Altos ? La démonstration semble alors éclatante : si les personnes qui créent les réseaux sociaux, et plus largement travaillent dans le numérique, souhaitent que leurs enfants en soient éloignés, c'est bien qu'il y a un souci ! Et ce fait a été énoncé à de nombreuses reprises, comme dans l'ouvrage[1] des essayistes français Philippe Bihouix et Karine Mauvilly sur les dangers du numérique à l'école, reprenant justement ce décalage.

Petit problème : ce fait n'en est pas un.

Il a été démontré que l'on avait largement exagéré cette tendance, et que même les parents les plus critiques sur le sujet offraient toutefois des possibilités de recours au numérique à leurs enfants. Comme le résume la journaliste Anya Kamenetz[2] avec un bon sens évident : « Le parent qui compare les médias digitaux au crack en permet l'usage à son enfant. Ce qu'il ne ferait certainement pas avec du crack. »

Mais peut-être que loin d'affaiblir notre propos, ce phénomène le renforce : même les parents qui connaissent, de l'intérieur, professionnellement, les dangers des réseaux sociaux, peinent à trouver la bonne méthode, la bonne distance, pour y faire face dans leur vie intime et familiale. Ils partagent notre perplexité devant la complexité de la situation. En somme, à bien des égards, ils se trouvent quelque peu dépassés par l'ampleur même de leur invention – comme quand les ingénieurs de Facebook admettent ne pas totalement comprendre comment fonctionne leur algorithme et les raisons qui mènent à favoriser tel ou tel contenu.

Tous « addicts », tous drogués ?

En réalité, le choix ou non du mot addiction rejoint, comme celui de la validité de certaines expériences, des débats spécialisés. Le terme, dans le langage courant, est utilisé pour signaler des expériences du quotidien : la rage d'un enfant que l'on somme d'interrompre une partie ; l'angoisse qui nous saisit quand nous pénétrons dans une location de vacances sans wifi ; la « peur de rater quelque chose » qui donne désormais lieu à son acronyme FOMO qui sera pour les années 2010 ce que YOLO[3] (*you only live once* – on ne vit qu'une fois) fut pour ma génération. Et devant tous ces éléments, nous pensons, trop rapidement sans doute : addiction. Ainsi, selon un sondage du 6 février 2024 de l'Ifop pour Agir pour l'Environnement, 89 % des 18-24 ans se déclarent « dépendants » de leur smartphone[4]. Mais l'addiction relève d'une classification bien spécifique, obéissant à des règles strictes et à des critères bien établis[5] ; et la question de l'addiction au numérique ou à internet est encore très discutée[6] : à ce jour la seule addiction admise dans le domaine du numérique est celle liée aux jeux vidéo, reconnue par l'Organisation mondiale de la santé (OMS) et intégrée à la classification internationale des maladies. Toutefois, une approche empirique montre qu'au-delà du mot, les problèmes existent et sont bien réels. Comme le souligne le psychologue américain Adam Alter, auteur de *Irresistible*[7], un ouvrage sur la question de l'addiction au numérique : « Le concept d'addiction s'applique plus largement et à bien plus de comportements que nous ne le pensons parfois. Par conséquent, il s'applique donc à bien plus de gens dans une population donnée. »

À cela, nul n'échappe. Pas même les enfants des pontes de la Silicon Valley.

D'où provient, alors, mon idée de comparer certaines entreprises à la mafia ? Du fait qu'il y a, chez elles, la volonté de développer un rapport problématique à un produit, et de ne rien faire pour y remédier. On peut appeler ce concept de « l'engagement des utilisateurs » : en réalité, il s'agit moins de s'engager que d'être contraint, soumis, voire sous emprise. Dans ces compagnies, comme dans les milieux de la mafia et du cartel, on revendique souvent la « liberté du consommateur » : c'est lui qui vient jouer dans certaines salles interlopes, lui, encore, qui souhaite consommer de la drogue, alors même que c'est sa liberté qui est remise en question et mise à mal dans le fonctionnement même de leurs systèmes.

Merci aux « repentis »

À tout seigneur, tout honneur : si nous sommes aujourd'hui en mesure de conduire aussi bien des études, des procès ou de mieux comprendre ce qui se joue derrière les sympathiques interfaces et les filtres en tout genre, on le doit à des « repentis », c'est-à-dire à des personnes qui ont été au cœur de ces entreprises, et qui, souvent, pour des raisons d'éthique personnelle, ont décidé non seulement de les quitter, mais aussi d'en divulguer les pratiques, et ceci en allant contre les accords de confidentialité souvent très solides qui accompagnent leurs lucratifs contrats.

Citons Frances Haugen, une créatrice d'algorithmes qui a travaillé pour Facebook, Google et Pinterest, notamment, et qui a dénoncé les problèmes posés par les réseaux sociaux aussi bien devant le Sénat américain qu'à l'Assemblée nationale en France.

Mais aussi Tristan Harris, informaticien et éthicien américain, président et cofondateur du Center for Humane Technology. Ou encore Sean Parker, cofondateur de Napster, ancêtre illégal de Spotify, et premier président de Facebook.

Quant à Sarah Wynn-Williams, elle a publié, en 2025, un ouvrage où elle dénonce les méthodes de l'entreprise Meta[8], notamment l'exploitation des vulnérabilités psychologiques des adolescentes. La suppression d'un selfie, marquant une détresse possible, devenait le moment idéal pour envoyer une publicité ciblée liée à la beauté ou au corps. Évidemment, si vous marquiez « sans valeur », « stupide », « stressée » dans un message, cela fonctionnait aussi.

Et quand ces faits ont commencé à devenir publics dans la presse, qu'a répondu un responsable à qui Sarah Wynn-Williams en faisait la remarque ? « C'est [notre] métier, Sarah. Nous en sommes fiers. Nous le crions sur tous les toits. C'est ce qui nous permet de gagner de l'argent. Et ces déclarations donnent l'impression qu'il s'agit de quelque chose d'infâme[9]. »

On parle souvent de lanceurs d'alerte, mais le terme de repenti est peut-être plus juste, même si ce ne sont pas, au sens strict, des criminels. En effet, toutes ces personnes ont profité, à un moment ou un autre, de fonctionnements profondément nuisibles, et qui, sans être illégaux, posaient suffisamment de questions pour ne pas être abordés le cœur léger. Comme les repentis, ils se trouvent souvent mis au ban de l'organisation quittée, critiqués par leurs anciens collègues, et soumis à de nombreuses pressions.

Leurs différents témoignages, ainsi que les études divulguées, ont permis de mettre en évidence un certain nombre de faits particulièrement graves, et notamment l'alliance, dans la plupart des réseaux sociaux, d'une double dynamique : celle de la dopamine et des algorithmes.

Comment les réseaux sociaux nous ont transformés en charmants rongeurs de laboratoire

Dopamine + émotions négatives. Le cocktail s'avère bien évidemment explosif, et n'est nullement le fruit du hasard mais bien le résultat d'une stratégie documentée. Écoutons Sean Parker, ancien président de Facebook, ou bien Chamath Palihapitiya, ex-vice-président en charge de la croissance des audiences.

Que déclarait le premier ? Que le modèle économique de l'entreprise s'apparentait à « l'exploitation de la vulnérabilité de l'humain et de sa psychologie[10] ».

Qu'ajoutait le second, lors d'une conférence donnée en 2017 à la Stanford Graduate School for Business ? « Ce que nous voulons, c'est comprendre [...] comment vous manipuler le plus rapidement possible pour ensuite vous gratifier, en retour, d'une bouffée de dopamine[11]. »

Difficile d'être plus clair.

Qu'est-ce que la dopamine, et pourquoi est-elle si importante quand il s'agit de réseaux sociaux (malheureusement, Facebook n'a pas l'exclusivité du procédé) ? Si, son rôle a été particulièrement bien documenté ces dernières années, y compris avec un effort de vulgarisation porté notamment par des vidéos comme la série *Dopamine* d'Arte, rappelons-en brièvement les grands principes. La dopamine intervient de façon décisive dans le circuit de la récompense, et a été l'objet de nombreuses études en neurosciences.

Cet intérêt initial a ensuite été étendu par le biais des travaux du spécialiste en psychologie, technologie et business, Nir Eyal[12], souvent jugés comme un moment fondateur dans la naissance de l'internet 2.0 : celui où s'ouvre, pour les industriels du secteur, la possibilité d'emprunter au tabac sa logique fondamentale, celle d'une « captation » de l'utilisateur, ou, pour reprendre l'expression de Bruno Patino, celle d'une « servitude numérique[13] ». Ainsi que le résumera Sean Parker, tout au long de conférences données dans différentes universités américaines :

> La principale question que nous nous posions était surtout : « Comment est-ce qu'on absorbe le plus possible de votre temps et de votre attention ? » Cela signifie que nous devions vous donner une petite dose de dopamine une fois de temps en temps quand quelqu'un commentait votre photo ou aimait une publication. Ça vous encourage à publier encore plus de contenus pour obtenir encore plus de rétroaction. C'est un cycle d'acceptation sociale rétroactif, on exploitait une vulnérabilité de la psychologie humaine. Les ingénieurs le comprenaient, nous en étions conscients, et nous l'avons fait quand même.

On définit souvent la dopamine comme une hormone, celle de la récompense et du bonheur. Ce n'en est pas une. C'est un neurotransmetteur. Son rôle ? Fixer des comportements et des habitudes par le biais du circuit de la récompense. Ainsi, quand nous accomplissons quelque chose qui satisfait le cerveau (par exemple, voir quelque chose de nouveau), celui-ci valide le comportement par le biais de la dopamine et de sa sensation de plaisir.

Partie intégrante de la stratégie de survie de l'espèce, la dopamine a un défaut : si elle permet d'établir des habitudes, elle les conserve même quand ces dernières sont devenues nocives, voire toxiques. Or les réseaux sociaux sont initialement perçus par le cerveau comme favorables, par leur diversité, leur nouveauté, et les interactions sociales qui s'y déploient. Je regarde une vidéo, une autre s'enchaîne, ma curiosité est stimulée, un ami vient liker mon propre contenu, et bim ! joie et dopamine, dopamine donc joie, et le tour est joué !

Mais même quand nous avons le sentiment de perdre notre temps, de n'y trouver plus aucun intérêt ni aucune joie, la dopamine va continuer à jouer son rôle, encore et encore, et devenir ainsi la laisse qui nous retient sans cesse.

Et au cas où la dopamine ne suffirait pas, intervient une seconde lame – tout aussi bien documentée que la première : les algorithmes. Et, pour être plus précise, la nouvelle programmation des algorithmes.

Ici encore, Facebook nous servira de modèle, mais le phénomène ne s'y circonscrit jamais.

La question pour un réseau social est simple : comment maintenir nos utilisateurs engagés ? En effet, le réseau étant gratuit, vous connaissez l'adage : « C'est vous le produit ! » Mais pour que le produit soit intéressant, il faut qu'il ne se contente pas d'une présence passive, mais au contraire qu'il s'implique devant les contenus qu'il voit, puisque c'est cela qui garantit aussi l'efficacité des messages publicitaires environnants.

Bref, en 2017, voici notre entreprise confrontée à une crise de croissance, et à une interrogation : comment avoir plus d'actifs sur nos réseaux ? Question qui n'a rien de théorique, et, surtout, pour y répondre, Facebook dispose d'une manne absolument inespérée : les données des utilisateurs. Et voici comment ces dernières et ces derniers deviennent de ravissants cobayes.

L'entreprise va donc jouer sur différents critères pour observer lesquels seront les plus efficaces : que se passe-t-il, par exemple, si on conserve uniquement l'algorithme « chronologique », fondé sur l'historique de recherche ? Pas grand-chose. Qu'advient-il si tout d'un coup on multiplie sur votre fil de suggestions des contenus gratifiants, des bonnes nouvelles, des choses mignonnes ? Eh bien… pas grand-chose non plus. En revanche, si l'on vous propose des contenus choquants, scandaleux, parfois tout simplement mensongers, mais dans tous les cas aptes à provoquer chez vous un sentiment de colère, là, on touche le jackpot ! Vous réagissez, vous commentez, vous partagez. En d'autres termes, votre taux d'engagement explose !

Comme le résume l'autrice américaine Keach Hagey dans le podcast du *Wall Street Journal* consacré à ce sujet :

> […] les gens de chez Facebook ont commencé à remarquer que le nouvel algorithme mettait en lumière le pire

du pire des contenus. Des choses très clivantes, vraiment négatives, et qui représentaient tout simplement le pire de ce dont l'humanité est capable[14].

Et quand, alors, certains ingénieurs ont proposé des solutions pour limiter cette dimension négative et la spirale d'effets délétères qu'elle engendre, la direction de Facebook a écouté poliment les propositions – dont celle de supprimer le bouton « partager » – et n'a rien fait. L'entreprise a au contraire mis en place le « Downstream MSI », une formule qui essaie de prédire ce qui va pousser les gens à être actifs.

Ainsi, à la suite des expériences menées, l'algorithme ne cherche plus du tout à vous proposer ce que vous auriez envie de voir, ou ce qui renvoie à vos centres d'intérêt, ou même à ce qui est de bonne qualité : il va simplement vous renvoyer à ce qui a provoqué le plus de commentaires.

Et donc ?

Les contenus les plus insultants, offensants, engendrant discorde et colère. Chouette !

Imaginez que, tout d'un coup, vous tombez sur des messages qui expliquent que le parti démocrate utilise un langage codé, et que quand il commande des pizzas, en réalité, ce sont des petits garçons et des petites filles.

Ce fut l'un des premiers narratifs développé par QAnon[15].

Alors, peut-être, votre sang ne fera-t-il qu'un tour. Vous serez scandalisé. Et alors, comme le fit un des disciples de QAnon, vous finirez par débarquer avec un fusil à pompe dans une cave sombre et glauque pour libérer des enfants d'un puissant réseau pédophile... Alors qu'en réalité, il n'y a là ni cave ni enfants séquestrés, mais... des pizzas.

C'est un cas extrême, bien sûr, de ce que peuvent produire le partage et la mise en avant de contenus provoquant de la colère. Mais les effets, sans être aussi poussés, sont toujours aussi délétères.

Pensez-vous que, devant de tels résultats, les équipes se sont rassemblées et ont décidé de ne pas valider un tel changement d'algorithme, compte tenu des irrémédiables dégâts que cela engendrerait ?

Non.

En réalité, il y a bien eu une tentative de certaines équipes, notamment celle appelée « Civic Team », dirigée par Samidh Chakrabarti, d'attirer encore l'attention de la direction, et notamment d'un certain Mark Z., sur les dégâts que cela allait engendrer. Mais personne n'en a tenu compte. Les effets n'ont pas tardé. Samidh Chakrabarti en a fait l'amer constat sur Twitter : ce changement d'algorithme validé en 2018 « amplifie invariablement la désinformation, le sensationnalisme, la haine, et autres dommages sociaux. Je souhaiterais sincèrement que cela ne soit pas le cas, mais c'est tellement prévisible que cela constitue peut-être une loi naturelle des réseaux sociaux ». Mark avait tort. Samidh avait raison. Mark est encore en poste. Samidh a quitté l'entreprise. Pour qui s'interrogerait sur les raisons d'une fin aussi triste et décevante, Frances Haugen a la réponse. Elle l'a d'ailleurs déclarée devant les députés français :

« L'entreprise sait comment rendre ces activités plus sûres, mais elle ne le fera pas, parce qu'elle met toujours ses profits colossaux devant la sécurité de ses usagers[16]. »

Mais, après tout, ce n'est pas grave. Personne n'utilise les réseaux sociaux pour s'informer, non ? Ah si, en fait la majorité des gens. Cinquante millions de Français, par exemple. Soit trois Français sur quatre.

Mais on s'en fiche tant que cela favorise leur taux d'engagement ! Je suis vulgaire ? Indubitablement. Mais qui a commencé ? Et, surtout, qui a continué sur cette voie, en passant outre tous les retours critiques internes, au nom de l'immuable loi du profit ?

Qui va, face à la demande d'offrir la possibilité pour les utilisateurs de revenir à un algorithme chronologique, pousser le vice jusqu'à désactiver celui-ci dès la fermeture de l'application. Pour que le choix automatique soit l'algorithme toxique.

Ce n'est donc pas du hasard. Ce n'est pas un accident. Et ce n'est certainement pas une « loi naturelle ». Ce sont des choix déterminés et, compte tenu de leurs conséquences, ces choix sont criminels.

Alors, oui, tout cela rapproche ces entreprises du domaine de la mafia et de la drogue : comme dans ces milieux, il y a des repentis ; comme dans ces milieux, il y a une tendance à en appeler à la liberté des consommatrices et des consommateurs alors même que c'est cette liberté qui est assujettie par le fonctionnement des outils ; comme dans ces milieux, il y a un total refus d'assumer ses responsabilités quant à ce qui se passe au sein de son entreprise. C'est triste, mais nous n'y pouvons rien : tel est le refrain des industriels du tabac comme de ceux des réseaux sociaux et des smartphones. Pourtant, ce qui se passe n'est pas seulement un « malheureux effet secondaire ». Cela a été voulu. Cela a été planifié. Cela a été préparé. Et pour mieux le comprendre, nous disposons de sources précieuses : les *Facebook Leaks* – ou *Facebook Papers* –, des documents internes qui ont été divulgués et ont notamment permis au *Wall Street Journal* de mener une enquête extrêmement fouillée sur les processus conduits en interne et le caractère agressif de leurs stratégies de développement. Les entreprises du numérique ne se contentent pas du marché existant. Elles cherchent à l'étendre. Et leur cible est claire : les enfants, de plus en plus jeunes. Il y a là une contradiction fondamentale avec les politiques publiques sanitaires : celles-ci cherchent à retarder l'âge de l'entrée dans le numérique, quand, en face, les GAFAM font tout pour l'avancer.

Comme la mafia, tout commence dès l'enfance

Les organisations criminelles cherchent souvent, qu'il s'agisse d'enrôler ou de contrôler, à intervenir très tôt dans la vie des personnes. Nombre de films le montrent, nombre d'études en témoignent, les parcours au sein des organisations criminelles impliquent souvent des mineurs. Mais, surtout, les organisations criminelles ne montrent souvent aucune réticence à s'en prendre aux enfants.

Comment les traitent et les envisagent les réseaux sociaux ? Tout simplement comme une nouvelle frontière, un nouveau défi à relever. Les bébés : non pas l'ennemi, mais l'objectif !

Voyons comment Kate Linebaugh, l'une des journalistes du *Wall Street Journal*, nous décrit l'un des documents internes de Facebook. Un *slide*. L'ensemble a pour titre : « Où nous avons été et vers où nous allons ». Sous ce titre : deux graphiques.

Le premier graphique s'intitule : « Aujourd'hui ». On y voit trois groupes représentés. « Utilisateurs adultes », « Utilisateurs adolescents de plus de 13 ans », et « Utilisateurs de moins de 13 ans ». Devant le chiffre 13 : un panneau stop. La couleur du graphique représentant les moins de 13 ans ? Il est barré de traits gris.

Le second graphique s'intitule : « Demain ». Il n'y a plus de panneau stop. Au lieu de trois groupes, il y en a six : « Adultes » ; « Adolescents de 16 à 18 ans » ; « Adolescents de plus de 13 ans » ; « Enfants de 10 à 13 ans » ; « Enfants » ; « Jeunes Enfants ».

L'âge minimum représenté ici ? 0 an.

Pour Kennedy, l'espace était la « nouvelle frontière ». Pour les réseaux sociaux ? C'est la petite enfance. Parce que c'est là que tout commence. Rassurant non ? Qu'est-ce qui pourrait mal tourner ?

Beaucoup de choses, en réalité. Les réseaux sociaux rêvent d'un utilisateur captif de la naissance à la tombe. Et, en attendant cet avenir riant dressé par ces schémas, Facebook lance une véritable conquête des enfants, multipliant les études pour essayer de répondre à leurs attentes, allant même jusqu'à proposer des services d'organisation de sorties entre enfants régis depuis Facebook et gérés par les parents. Parce qu'ils sont bien conscients du caractère « prescripteur » des enfants dans ce domaine, et, surtout, parce que, rapidement, les parents ne parviennent plus réellement à contrôler ce qui se passe sur les portables.

On peut gérer un temps d'écran, certes, et c'est une bonne chose. Mais quant à ce qui se déploie sur cet écran, nous sommes loin de le savoir avec précision.

Et des cas particulièrement inquiétants, comme le développement de la prédation sexuelle sur TikTok régulièrement dénoncée par l'Office de protection des mineurs en France[17], ou bien la mise à jour d'un réseau pédophile au Liban sur la même plateforme[18], sont des aspects déjà éminemment graves et dramatiques d'un problème plus large.

La commandante de police Véronique Béchu[19] le résume en des mots simples : « Laisser l'accès à de tels réseaux sociaux à nos enfants équivaut à les envoyer jouer dans un square rempli de pédophiles. » Ici encore, l'écart entre la vie quotidienne et les comportements en ligne paraît patent. Le problème est que la distinction Online et IRL (*in real life*) n'a plus aucun sens : le « en ligne » est aussi notre quotidien.

Le virtuel est bien réel.

En visant, sciemment, les enfants comme un nouveau segment de marché à conquérir, ce n'est pas uniquement l'éthique qui est en jeu. Cela correspond à une responsabilité à la lisière du pénal, à une mise en danger que l'on ne peut tolérer plus longtemps.

Comme la mafia, ils entretiennent des liens étroits avec les États

De tels documents font froid dans le dos. Ils témoignent du caractère lucide et concerté de ce qui est parfois présenté comme des effets secondaires imprévisibles. Ces entreprises savent très bien ce qu'elles font. Et, surtout, elles savent défendre leurs causes. Car ce que les documents et les témoignages nous apprennent également, c'est l'étroitesse des liens qui peuvent parfois exister entre elles et les gouvernements. Dès lors, on recherche moins un bien commun que la protection des intérêts propres à ces grands groupes. Une dépendance et des relations qui sont, ici encore, un point commun avec des organisations criminelles qui savent également tisser leur toile dans les cercles du pouvoir.

La vérité est que la plupart des plateformes numériques sont devenues totalement indissociables des pouvoirs politiques, qu'elles servent toujours par intérêt, qu'il s'agisse d'échapper à des régulations ou autres lois trop contraignantes pour leur business, de jouir de subventions, de contrats publics ou autres avantages financiers accordés par les États, ou encore de tuer la concurrence. Parce que « l'État, c'est mal », bien sûr. Il ne faut surtout pas qu'il intervienne. Sauf quand il peut vous rendre des services. Là, c'est différent. Il y a le bon et le mauvais État. Le mauvais, c'est celui qui veut réguler vos activités. Le bon, c'est celui qui vous aide à réguler celles de vos adversaires. Nuance, quand tu nous tiens...

Et, en parlant de « tenir », il faut évidemment s'arrêter un instant sur ce qui est aujourd'hui reproché à Google ou à Meta. On découvre alors le monde merveilleux de l'influence, de la négociation et du lobbying, un monde sur lequel on jette d'ordinaire un voile pudique, et qui est pourtant une des sources de la réussite de ces entreprises. Mes excuses pour le mythe des génies qui triomphent malgré l'État grâce à leur goût pour la rupture et l'innovation, mais, en réalité, ils doivent beaucoup au monde politique. Sinon, on comprend mal pourquoi ces deux plateformes auraient mené un lobbying d'une telle intensité, dépensant des millions d'euros chaque année pour influencer les décisions publiques, faire pression sur les régulateurs et orienter les lois en leur faveur, tant aux États-Unis qu'en Europe.

Évidemment, tout cela ne se fait pas de manière transparente. Non. On a sa pudeur. Alors, on crée des associations professionnelles aux intitulés vagues, on recrute d'anciens hauts fonctionnaires, ou bien l'on mène, bien entendu de manière totalement désintéressée, des campagnes de communication ciblées. Le résultat ? Les entreprises Meta et Google sont parvenues à retarder ou à amoindrir les projets de régulation qui pouvaient limiter leur pouvoir – comme l'a montré, par exemple, leur action coordonnée contre toute régulation de l'IA ou leur mobilisation massive lors de l'élaboration des lois européennes sur le numérique.

La politique devient alors un instrument dans une stratégie d'entreprise plus vaste. Et c'est bien cette instrumentalisation politique qui se trouve au cœur des poursuites aujourd'hui engagées contre ces sociétés : Google est accusé d'avoir solidifié son monopole grâce à des accords exclusifs (avec plusieurs milliards de dollars engagés pour être le moteur par défaut) et à une influence politique qui lui aurait permis d'écarter la concurrence et d'éviter des mesures vraiment contraignantes. Comme si tout d'un coup le libre jeu du marché ne suffisait plus, comme si la « main invisible » chère à Adam Smith devenait la main du marionnettiste qui illustrait l'affiche du *Parrain* de Coppola. Meta, de son côté, doit répondre d'une stratégie de rachats de concurrents (Instagram, WhatsApp) destinée à éliminer toute menace sur sa domination, et de l'utilisation de ses réseaux et de ses ressources pour peser sur les régulations et maintenir sa suprématie. Soif de pouvoir, élimination de la concurrence, pressions politiques et lutte contre toute tentative de régulation, on est loin de l'image sympathique de ces entreprises où l'on viendrait travailler en short et claquettes chaussettes au cœur de la Silicon Valley. Vous pouvez bien mettre un babyfoot dans le hall, l'arrière-boutique restera toujours nauséabonde.

Cela vous surprend ? Ça ne devrait pas.

Partout dans le monde, la plupart des entreprises numériques placent leurs intérêts propres avant l'intérêt commun, et en bénéficiant de l'appui de certains membres des gouvernements. Musk récompensant des votes pour Trump, cela ne constitue, en définitive, qu'un renvoi d'ascenseur parmi d'autres.

Comme les cartels, ils sont tout à fait conscients de leur nocivité

Les industries du numérique font de l'argent sur de la souffrance humaine. Celle des personnes qui travaillent pour elles. Celles des personnes, aussi, qui les consomment. Au moment où se lancent de nombreuses campagnes de communication pour rappeler les conséquences de leur consommation à celles et ceux qui achètent de la drogue, peut-être faudrait-il une campagne similaire sur notre utilisation des différents réseaux et services de commerces en ligne.

Mais on passe à côté du sujet si nous n'en faisons qu'une question de responsabilisation individuelle. Car le consommateur ici est d'abord une victime.

Victime, on l'a vu, du choix délibéré de ne pas favoriser des réglages algorithmiques les plus protecteurs possible et de rester confronté malgré soi aux contenus les plus nocifs.

La réalité de cette nocivité devient tellement évidente que de plus en plus d'individus commencent à conduire des actions en justice ; c'est le cas aux États-Unis, bien sûr, mais également, en France, avec le procès qu'a subi TikTok, en 2024, de la part de familles d'enfants, souvent des jeunes filles, qui se sont donné la mort[20]. En novembre 2024 un recours collectif est engagé contre cette entreprise. Portée devant le tribunal de Créteil, la plainte est claire : le réseau social est accusé d'avoir des effets extrêmement graves sur la santé mentale des enfants, avec des conséquences pouvant conduire jusqu'à des actions ultimes et irréparables. Si l'affaire n'a pas été encore jugée, le 6 mars 2025, quatre nouvelles familles rejoignaient ce recours collectif[21]. En somme, onze familles qui accusent TikTok de graves négligences en matière de modération et de prévention auprès des mineurs. Les assignations mettent en cause l'algorithme de la plateforme, accusé d'exposer délibérément les jeunes utilisateurs à des contenus incitant au suicide, à l'automutilation ou à des troubles alimentaires. Le point le plus alarmant étant la rapidité avec laquelle on accède aux contenus les plus extrêmes. Quelques minutes suffisent. Et souvent sans aucune volonté active d'accéder à de tels contenus. Simplement le jeu de l'algorithme, un jeu qui prend de plus en plus des allures de roulette russe. Le collectif des plaignants et leur avocate dénoncent ainsi le manque de transparence de TikTok sur ses dangers, alors même que la plateforme persiste à minimiser sa responsabilité et refuse pour l'instant tout commentaire public sur les procédures en cours.

Elle aura eu en revanche à répondre des accusations portées contre elle par la commission d'enquête parlementaire mise en place de son côté au printemps 2025 et qui consacra six mois d'investigation à son sujet : qualifiant l'application de « piège algorithmique », la commission a formulé quarante-trois recommandations, parmi lesquelles l'interdiction des réseaux sociaux avant 15 ans et la création d'un couvre-feu numérique pour les adolescents, tout en appelant le législateur à renforcer la régulation et à poursuivre judiciairement la société pour mise en danger de la vie d'autrui.

Réponse de TikTok ? Ses représentants rejettent en bloc ces accusations, dénonçant une « présentation trompeuse » et rappelant leurs efforts en matière de modération algorithmique. Mais comment y croire quand on voit par exemple que le nombre de modérateurs francophones a subi une compression de – 26 % entre 2023 et 2024 ? Comment croire à la bonne foi de ces réseaux sociaux qui ne cessent de proclamer leur sincère désir de s'améliorer mais ne s'en donnent jamais les moyens, parce que ce qui est bon pour les utilisateurs ne le sera pas pour les affaires ?

Ici encore, sans présager de l'issue de ces procès, les *Facebook Papers* nous permettent de mesurer à quel point certaines entreprises pouvaient être conscientes de ces effets pervers. Suffisamment, en tout cas, pour choisir d'en faire un objet de recherche.

Ainsi, en mars 2020, les équipes de recherche internes à l'entreprise ont conduit une étude intitulée « Teen girls body image study ». Pourquoi ce sujet ? Parce que très tôt les cadres de Facebook se rendent compte que quelque chose ne va pas pour leurs utilisatrices. La preuve, un document de 2019, qui fait la synthèse des effets des réseaux sociaux sur la santé mentale des adolescentes, comporte une phrase, que les chercheuses et les chercheurs ont tenu à écrire en gras : « Nous aggravons le rapport des jeunes filles à leurs corps pour une adolescente sur trois[22]. »

Écrire en gras, dans un rapport de recherche, est une manière d'attirer l'attention sur un problème très grave. D'où l'étude de mars 2020. Qui, ô surprise, va confirmer ces faits. Et, surtout, mettre en évidence un réseau dans lequel les effets sont particulièrement marqués : Instagram.

Mais chercher ne suffit pas. Toute la question est, que fait-on de ces résultats ? Eh bien, malheureusement, comme trop souvent, les scientifiques se retrouvent cantonnés au rôle de Cassandre.

Cassandre, vous connaissez ? Une intéressante figure de la mythologie grecque, qui va se retrouver dotée d'un don – prévoir l'avenir – et d'une malédiction – ne jamais être crue. Elle dit la vérité, mais sans efficacité.

C'est ici encore ce qui va se passer. Aucune conséquence tangible ne sera tirée de ces rapports. Pire. Facebook va expliquer qu'ils n'y ont rien trouvé de très intéressant, et refuser de les partager, y compris quand le pouvoir politique le leur demandera.

Une entreprise au courant de sa nocivité et de la gravité d'une situation qui n'écoute aucune des recherches internes ? Incroyable, non ? Cela ne nous rappelle-t-il pas nos chers amis de Total et autres industries pétrolières et polluantes ?

Bref, si le slogan initial de Google était *Don't do Evil*, on comprend pourquoi ils y ont rapidement renoncé. Ici encore, malheureusement, les pratiques de Facebook ne sont pas un cas particulier, mais bien des exemples d'un comportement systémique. Et voici pourquoi, comme les cartels, ces entreprises n'ignorent rien des dégâts qu'elles causent. Elles en sont pleinement conscientes. Simplement, elles n'en ont rien à faire. Tant qu'on ne les force pas à s'y intéresser, elles ne le feront pas.

Les mécanismes de l'addiction

Les plaintes portées sont donc révélatrices, aussi bien d'un désarroi que d'un constat : oui, nous avons un problème à régler. Et l'on peut nous accuser de panique morale, mettre en avant le rôle des réseaux sociaux dans la sociabilité adolescente ou multiplier les études qui rassurent, le comportement même des industriels dans ce domaine, si proche de celui des fabricants de tabac, doit nous interroger.

Oui, l'addiction est leur objectif. Oui, ils ont intérêt à nous garder en ligne le plus longtemps possible. Oui, ils se sont inspirés des fabricants de tabac, autant que des casinos, pour jouer sur des mécanismes neuronaux et chimiques liés à la dopamine.

Deux exemples, au hasard, évidemment, de cette familiarité avec les casinos ? Les *variable rewards* (récompenses variables) et le *pull to refresh* (tirer pour rafraîchir). Le premier suppose des récompenses imprévisibles, qu'il s'agisse de simples *likes*, de notifications ou de nouveaux contenus qui vous incitent à revenir sur la plateforme ou le jeu. Et, évidemment, le caractère aléatoire de ces récompenses renforce l'envie d'y retourner. Sait-on jamais, je pourrais peut-être rater une occasion en or...

De la même façon, tirer pour rafraîchir est un geste tout simple en apparence : il s'agit, par le biais de l'écran tactile, de faire un geste vers le bas pour automatiquement mettre à jour le contenu affiché. Mais, point intéressant, ce geste, développé par le designer d'applications Loren Brichter en 2008, est directement inspiré de celui consistant à tirer sur la manette sur le côté d'une machine à sous. Et ainsi s'établit le lien : le jackpot ne sera pas pour vous.

Et ce ne sont évidemment pas les seuls procédés, que l'on peut regrouper autour de trois idées principales : passivité, anxiété, naïveté.

Passivité : réduire tous les efforts

On le sait, l'être humain n'aime guère faire des efforts. Attendre plus de trois minutes lui paraît déjà un summum, alors, si en plus, il faut cliquer, rechercher, penser, relancer... cela se complique. Dans cette catégorie rentrent évidemment la lecture automatique (*autoplay*), les paramètres par défaut (qui valorisent les algorithmes les plus addictifs), mais aussi les recommandations sans fin (qu'il s'agisse de vidéos ou de suggestions d'amis). Ainsi, un seul geste, ouvrir l'application, vous ouvre des heures de captation de l'attention sans qu'à aucun moment vous n'ayez à vous montrer actifs, limitant alors le risque de votre déconnexion. Et naturellement, le champion toute catégorie des procédés vicieux dans ce domaine est le défilement infini, l'*infinite scroll* ! Parce que là encore, c'est totalement volontaire, et cela n'a qu'un objectif : vous maintenir passif. C'est pour cette raison qu'il n'y a pas, comme sur les recherches Google, un défilement par page, avec un arrêt clair et des numéros qui indiquent où vous en êtes. Point de repère, point de contrainte, pas d'effort où il faudrait cliquer sur la page suivante. Le tour est joué, vous êtes piégé, et c'est totalement le but !

Anxiété : jouer sur vos peurs et la pression sociale

Eh oui, il n'y a pas que la passivité dans la vie pour maintenir des gens en état de sidération. Les notifications surgissant à tout moment au cœur de vos activités quotidiennes (le *push notification*) sont uniquement là pour vous rappeler qu'ailleurs, quelque part, les gens font des choses, et que vous feriez bien d'y jeter un œil. Pour être certains d'attirer votre regard, vous remarquerez d'ailleurs l'évolution des logos des applications, qui s'uniformisent généralement autour d'une couleur rouge bien connue pour son efficacité. Et au cas où vous penseriez avoir le temps, ne vous en faites pas, il y aura bien, quelque part dans une interface, un compte à rebours pour créer un sentiment d'urgence artificiel : une promotion exceptionnelle qui finit dans deux jours, cela ne se rate sous aucun prétexte, même si vous vous rendez bien compte, quelques jours plus tard, que l'urgence... n'était pas si urgente. Et que la même promotion resurgit à intervalles réguliers.

Dans cette logique entrent également, naturellement, les *streaks and badges*, qui valorisent, sur Snapchat notamment, votre régularité. Si vous venez chaque jour, alors vous aurez des récompenses montrant à quel point vous êtes réguliers dans vos relations avec autrui.

Vous ne voudriez quand même pas briser la magnifique chaîne d'amitié que vous avez créée avec GrosKissous76 ? Cela serait terrible.

Et évidemment vous n'oserez pas briser non plus les fameuses « boucles de validation sociale » (*social validation loops*) que sont tous ces commentaires, partages et repartages. Après tout, cela a beaucoup chagriné votre grand-mère de ne pas recevoir un *like* de votre part sur sa dernière publication de photo de chat mignon. Ainsi, on commente et re-commente et on y revient forcément pour ne blesser personne. Et, ainsi, se construit, par les biais de l'animal social, une forme singulière d'asociabilité, confinant à l'addiction.

Naïveté : compliquer les choses, ou les rendre ludiques, voire les deux à la fois !

Se trouvent ici regroupés des procédés correspondant à la gamification et au *dark patterns*. Dans le premier cas, on emprunte à la logique du jeu des mécaniques qui favorisent l'adhésion au contenu proposé. Cas exemplaire ? Duolingo et son sympathique hibou, avec ses niveaux, ses classements, ses réussites, ses badges. Dans le second, on a ce que l'on appelle donc les *dark patterns*. Le plus souvent, vous les rencontrez dans ces cases à cocher affublées de formules alambiquées. Si vous voulez, c'est le côté obscur du design. Alors que celui-ci est normalement pensé pour être favorable à l'utilisateur et lui faciliter la vie, les *dark patterns* jouent sur nombre de biais pour vous amener à cliquer là où vous ne voulez pas, pour accepter ce que vous ne souhaitez pas, et éviter en même temps que vous vous en rendiez compte. Et c'est impressionnant à quel point tout cela s'est développé, pour ne plus favoriser l'utilisateur, mais bien le concepteur.

Un jeu où l'utilisateur est toujours perdant, cela vous rappelle quelque chose ? Faites vos jeux, rien ne va plus…

Alors que faire ?

Face à une industrie fondée sur des procédés aussi toxiques, comment ne pas considérer que le résultat de ses stratégies s'avère également nocif ? Car, au mieux, nous perdons notre temps, ce qui n'est pas rien comme nous le rappelle une reine stratège dans *Rodogune*, de Corneille (« le temps est un trésor plus grand que l'on ne pense ») : où sont passés la contemplation, l'ennui, la lecture, l'attention à l'ici et maintenant ?

Au pire, ce temps perdu, nous l'offrons à d'autres pour qu'ils fassent de l'argent avec.

Et, nous commençons à avoir des effets réellement nocifs, dont nous pouvons faire l'expérience. Et cela nous ramène aux suicides et aux actions intentées contre TikTok, mais aussi Meta et d'autres.

Bien sûr, la fascination d'une époque pour le suicide n'est pas nouvelle – il n'est qu'à penser à la célèbre épidémie provoquée par l'œuvre de Goethe, *Les Souffrances du jeune Werther*. Mais les réseaux sociaux accroissent le phénomène avec une dynamique effrénée, tant temporellement – vous avez accès très rapidement à des contenus – qu'en matière de quantité – ils sont nombreux – et de qualité – ils sont de plus en plus nocifs. Et alors que la moindre peinture exposant un téton se trouve censurée par l'algorithme et demande des trésors de diplomatie et de négociation pour obtenir le droit d'être rendue publique, des scarifications ne provoquent aucune réaction des réseaux, et se trouvent en outre, par le fort engagement qu'elles suscitent, mises en valeur par l'algorithme.

N'y aurait-il pas un problème ?

Faudrait-il ainsi rester calme et mesuré et lire les conclusions ironiques d'un chercheur sur la dangerosité de la pomme de terre ?

Il y a là, me semble-t-il, un décalage trop important pour qu'il ne provoque pas en nous, politiquement, un sentiment d'urgence. Et le terme de panique morale[23] – dont je comprends qu'il puisse être brandi tant on peut avoir l'impression que la question des réseaux sociaux n'est jamais abordée que par le versant de la jeunesse – est ici dangereux.

Parce que les raisons d'agir sont nombreuses : sanitaires, écologiques, sociales, économiques et sociétales ; parce que nous sommes toutes et tous concernés ; et parce qu'au fond cela vient abîmer un peu plus chaque jour notre humanité commune, notre rapport au monde, sensible et sensé.

Comment ne pas voir que nos comportements en ligne, ces façons d'être dont nous sommes désormais si familiers, déteignent sur nos vies, nos perceptions et nos réactions hors ligne ? Une impatience permanente, un besoin de clash, une facilité à polariser, une allergie aux opinions différentes des nôtres… une violence à peine contenue.

Voilà les raisons qui me poussent aujourd'hui à ne pas renoncer. Sans prétention à tout savoir, sans science infuse, mais avec inquiétude et curiosité, et, peut-être, aussi – et il y a là un héritage d'internet, sans aucun doute –, une confiance dans le collectif, dans le réseau, au sens le plus noble du terme. Ainsi, mes questions seront les suivantes.

Quelles sont les possibilités techniques et les limites – aussi bien techniques que législatives – pour nous sevrer de ces emprises ?

Que devons-nous concrètement cibler pour ne pas tomber dans une diabolisation simpliste ?

Est-ce que mon idée, un peu binaire, d'un bon et d'un mauvais internet fait sens ?

Est-ce que la limitation de l'accès engendre réellement une plus grande intelligence de l'emploi ?

Quelles sont les échelles pertinentes pour agir ?

Que faire au niveau individuel, national et international ?

Et puis, au moment d'aborder toutes ces interrogations, il y a ce que je sais : je ne crois pas à l'autorégulation des acteurs du secteur : cela n'a jamais marché, nulle part, et ne marchera jamais. Je ne crois pas à la culpabilisation des individus et des familles : si jamais nous avons des solutions à cette échelle, et je pense qu'il y en a, je crois aussi qu'elles sont insuffisantes, et qu'elles nous rappellent, comme pour d'autres luttes, que renvoyer à la seule responsabilité individuelle est souvent une sorte d'aveu d'échec par anticipation – et l'occasion de s'en laver les mains.

Je crois en la responsabilité des États et des instances pour agir et, comme nous avons su le faire par le passé, ou à d'autres périodes, je pense qu'il n'est pas trop tard. Je pense aussi que ces actions ne se feront jamais de manière indolore, et puisque le rapport de la Commission d'experts sur l'exposition des enfants aux écrans remis au Président en avril 2024 avait choisi, dans son titre sur *La Recherche du temps perdu*, de faire référence à Proust, qu'il me soit, moi aussi, permis de le citer : « La maladie est le plus écouté des médecins : à la bonté, au savoir on ne fait que promettre ; on obéit à la souffrance[24]. »

Donc, oui, c'est bien par la conscience de la gravité des conséquences subies que nous trouverons les meilleurs moyens d'action, et c'est également en se montrant intraitables face à ces entreprises que nous serons à même de ne plus subir une telle situation. Et s'il y a une dimension douloureuse dans l'idée de nous sevrer des écrans[25], – je n'ignore pas, par exemple, les enquêtes qui témoignent qu'il est plus facile, pour beaucoup de jeunes, de se passer de rapport sexuel plutôt que de portable[26]… –, celle-ci sera, j'en suis convaincue, rapidement contrebalancée par une certaine libération, une véritable émancipation.

J'espère surtout qu'en voyant les bénéfices possibles, nous serons capables, en tant que politiques, que citoyennes et citoyens, de nous dire, oui, cela vaut le coup ; oui, nous pouvons agir ; et, en faisant cela, nous rejoignons ce qui constitue l'objectif de toute démarche politique digne de ce nom : nous faisons mieux. Pas plus – selon le modèle de la croissance. Mais mieux. Et pour faire mieux, cela passe parfois par le moins, par la sobriété, et par la capacité à ne pas se retrouver entraînée, pour ma part, à 1 h 30 du matin, et alors que j'ai encore bien des choses à faire, et des pages à écrire, dans quelque *doomscrolling*.

Résumons-nous

La plupart des entreprises du numérique sont parfaitement conscientes des effets délétères qu'elles engendrent – notamment en matière de dépendance. Cela fait partie de leur modèle économique et les rapproche de certains commerces illégaux.

Elles s'appuient sur les pouvoirs politiques pour défendre leurs propres intérêts et mener un lobbying efficace sur tout ce qui risquerait d'amoindrir leur impact.

Loin de vouloir préserver les plus jeunes, elles considèrent ces derniers comme un marché d'avenir à investir et développer.

Toute idée d'autorégulation semble donc compliquée, puisque cela irait contre leurs intérêts propres.

Chapitre V

Où l'on commence (enfin !) à rechercher des réponses au niveau européen et international et où l'on constate que le féodalisme est un mot contemporain

« T'es tellement seul derrière ton écran,
Tu penses à c'que vont penser les gens
Mais tu les laisses tous indifférents. »

Angèle, « La thune »

L'importance croissante des GAFAM et leur changement de statut, quelques éléments permettent de mieux les cerner. D'abord, leurs ressources financières, qui rivalisent sans peine avec celles de nombreux États, à tel point que certains chercheurs comme Dominique Boullier, spécialiste français des usages du numérique, n'hésitent pas à envisager leur domination à travers la notion d'empire[1] (qui désigne justement un important pouvoir mais sans ancrage territorial précis). Ainsi, en novembre 2024, les GAFAM sont davantage valorisés que les montants du PIB des États-Unis et du Japon réunis[2]. Et si leur pouvoir économique est réel, leur

« démographie » est tout aussi fascinante : en 2023, environ 4,8 milliards de personnes dans le monde utilisent les médias sociaux, et 83 % en sont des utilisateurs actifs, passant en moyenne 2 heures 24 par jour sur leurs applications[3].

Ils nous mettent donc, comme le souligne le géographe français Laurent Carroué, devant une situation tout à fait inédite :

> Jamais une poignée de firmes n'a acquis en si peu de temps une aussi grande puissance technologique, économique et financière, d'un côté ; et disposé d'une aussi grande capacité d'influence et de remodelage des rapports politiques, culturels et sociétaux – et ce à toutes les échelles territoriales –, de l'autre[4].

Preuve de cette situation inédite ? En 2017, un événement a eu lieu, qui n'a peut-être pas obtenu le retentissement qu'il méritait : le Danemark a nommé un ambassadeur. Alors, bien sûr, dit ainsi, cela paraît banal. Seulement, l'ambassadeur en question n'a pas vocation à interagir avec d'autres États. C'est un ambassadeur auprès des GAFAM. Ou, pour reprendre son titre officiel : un ambassadeur-tech, installé au cœur de la Silicon Valley. Ou comment des institutions viennent reconnaître un changement de statut à part entière.

Alors, faut-il instaurer des relations diplomatiques officielles avec Meta ? En réalité, le problème est encore plus complexe : non seulement les réseaux sociaux sont des puissances à part entière dont le rapport à l'État s'avère parfois conflictuel, mais en plus, pour nous, en France, ce sont des puissances de puissance : en effet, les principaux réseaux appartiennent soit aux États-Unis soit à la Chine. D'où l'expression de « colonie numérique[5] » employée par certains chercheurs pour qualifier notre position (et celle de l'Europe), d'ailleurs présente aussi dans un rapport du Sénat datant de 2013[6]. Colonie. Numérique. Deux petits mots révélateurs. Car nous connaissons bien tous les dommages qu'entraîne ce phénomène de colonisation, fût-ce dans son emploi métaphorique. Problèmes d'autonomie, de souveraineté sur les données, d'ingérence étrangère, de dépendance technologique, d'impuissance manifeste à appliquer nos propres lois, de menaces sur nos vies privées... Interroger notre rapport au numérique et aux réseaux sociaux en particulier n'est donc pas qu'une question de santé publique – ce qui est déjà un immense problème –, mais suppose aussi d'interroger notre relation aux autres États et encore davantage à des puissances économiques dont les intérêts peuvent être totalement contraires aux nôtres. Le problème est évidemment que nous trouvons cela souvent pratique : au niveau individuel, bien sûr, mais aussi en tant qu'État ou administration – et je ne m'exclus nullement du lot. Oui, pour équiper, développer, on passe souvent par Windows, par Google, avant de se rendre compte que si leurs produits ont définitivement des qualités, ils ont aussi un immense défaut. Leur fonctionnement bien souvent nous échappe et engendre une accoutumance qui fait qu'il est ensuite délicat de s'en passer.

On renoncerait bien à Gmail, mais nous y avons tant de contacts.

On sortirait bien d'X, mais c'est quand même là que tout se passe et que tout se joue. Non ?

Et pour les États, c'est la même chose : l'*open source* et le logiciel libre sont des alternatives éthiques et techniques, mais c'est quand même compliqué, Linux, non ? Pourtant les raisons d'agir et d'évoluer s'accumulent, à commencer par le comportement même de celles et de ceux qui dirigent nombre de ces entreprises.

Donc, comment procéder pour se décoloniser ? Quelles luttes instaurer ? Quelles devraient être nos priorités ? Qui peut nous inspirer ?

Faut-il envier la Chine ou l'Australie ? Qui a le mieux résolu le problème ?

L'un des pays à avoir pris conscience le plus tôt possible de ces problèmes est la Chine. C'est à la fois un phénomène intéressant – la preuve, tout simplement, que des mesures existent et que l'on peut résister aux réseaux sociaux et à leur pression – mais aussi un problème. Parce que dès que vous évoquez des possibilités de restriction dans l'emploi d'internet, immédiatement surgit la remarque : « Mais on n'est pas en Chine ! On n'est pas une dictature ! » Le problème est que, parfois, des pays critiquables et dont le mode d'organisation n'est absolument pas souhaitable prennent des décisions judicieuses. Et que, dans ce domaine, la Chine s'est montrée très rapidement active et concernée, et s'est ainsi retrouvée, comme le souligne le journaliste tech sino-américain Zeyi Yang dans son article paru dans la *MIT Technology Review*, « en avance par rapport à tous les pays en termes de contrôle de l'utilisation d'internet par les mineurs[7] ». Et la plupart des règles mises en place ont été très efficaces. Une étude de 2023 constate ainsi une baisse de 96 % des heures passées à jouer sur internet en trois ans pour les enfants et les jeunes de moins de 18 ans[8]. Trois ans ; – 96 %. Le phénomène est donc réversible. Et cela par des moyens politiques. La Chine s'est bien réveillée. Et depuis longtemps.

Dès 2008, comme le rappelle un article de la Radio Télévision Suisse[9], la Chine avait considéré l'addiction à internet comme un « trouble clinique », alors que l'OMS était loin de s'être emparée du sujet. Évidemment, à ce premier diagnostic chinois a succédé une réponse pour le moins extrême : des centres de désintoxication, parfois gérés par des militaires, et avec des procédés comme les thérapies de groupe, la pratique intensive du sport, voire des électrochocs. Mais malgré ces « thérapies » extrêmes, le fléau n'a pas été jugulé. D'où la décision, dès 2021, de limiter l'utilisation des jeux en lignes à trois heures par semaine pour les mineurs, et obligatoirement entre 20 heures et 21 heures[10]. Une mesure qui venait déjà durcir une première restriction initiée en 2019, quand les jeux vidéo n'étaient accessibles qu'une heure et demie par jour en semaine, trois heures les week-ends et les vacances, mais jamais la nuit.

Ce qui permet un tel contrôle sur les consommations numériques tient évidemment beaucoup à la spécificité du système chinois : tout d'abord, les joueurs sont tenus de s'enregistrer sous leur véritable identité, avec leur numéro d'identification national, et aucune inscription n'est possible sans validation en lien avec la base de données gouvernementales[11]. Par ailleurs, certaines compagnies de jeux vidéo comme Tencent y ajoutent l'utilisation de la caméra du smartphone : celle-ci, à intervalles réguliers, vient scanner le visage du joueur pour vérifier qu'il correspond à celui du compte[12], un dispositif poétiquement intitulé *Midnight Patrol* – la « Patrouille de Minuit », comme une réécriture moins poétique de *La Ronde de Nuit* de Rembrandt. Enfin, l'accès est totalement limité en matière de plage horaire pour les mineurs : hors de ce temps, aucune possibilité pour un joueur de se connecter. Et la responsabilité de l'application de ces règles incombe aux entreprises, qui peuvent, en cas de non-respect, être directement sanctionnées par le gouvernement.

Donc, en Chine, de 2019 à 2021, voici les moins de 18 ans réduits à trois heures par semaine. Pas par jour. Cette concentration sur les jeux en ligne est loin d'être anecdotique : nombre d'entre eux sont pensés avec des modèles économiques de microtransactions qui nécessitent, pour fonctionner, un fort taux d'engagement de la part de quelques-uns, et, en définitive, une addiction. En d'autres termes, de la même façon que ce sont les joueurs les plus maladifs et les plus atteints qui font la fortune des casinos, les jeux en ligne gratuits – ou du moins gratuits au début – reposent, économiquement, sur des comportements extrêmes et abusifs pour fonctionner.

Et si ce type de jeux se multiplie, c'est parce que cela marche. Oui, nous savons très bien créer de l'addiction, grâce à des mécanismes qui agissent habilement – ou parfois très grossièrement – sur la frustration des joueurs. Et comme dans les casinos, évidemment, ce n'est pas votre argent physique que vous dépensez directement. Le casino a ses jetons. Les jeux en ligne ont leur propre monnaie, spécifique à chacun d'entre eux, qui évite que vous ne vous interrogiez sur la décision que vous venez de prendre d'acheter un élément cosmétique à 8 euros pour rendre votre fusil plus cool. Non ! Cela valait 32 cristaux de feu ! Et à 50 euros les 200 cristaux, cela vaut le coup, non ? Non. Cela fait cher pour un fusil rose qui n'existe pas ailleurs que sur la Toile.

Bref, nous ramener à trois heures de jeu en ligne par semaine, ce n'est peut-être pas une si mauvaise idée. En trois heures, avons-nous vraiment le temps de parcourir les boutiques en ligne et faire des choix cosmétiques discutables et surtout payants ? Pas évident.

Mais les Chinois sont allés encore plus loin dans leur politique envers les plus jeunes. Internet est bloqué la nuit pour les mineurs entre 22 heures et 6 heures du matin, et pendant la journée la connexion sera gérée en fonction de l'âge : de quarante minutes à deux heures. Le temps le plus étendu, deux heures, concerne les jeunes de 16 à 18 ans ; de 8 à 16 ans ils ont une heure ;

et pour les moins âgés, en dessous de 8 ans, de quelques minutes à quarante minutes.

J'ai hâte de faire lire cela à mes enfants. Parce que, oui, quand je vois les difficultés que nous rencontrons dans la jugulation de la consommation d'internet par les plus jeunes, mais, aussi, bien sûr, dans notre propre consommation, quand je vois, en me promenant, la nuit, par la fenêtre d'un appartement, un vaste écran sur lequel se déroule clairement une partie de League of Legends ou de Call of Duty, et quand une amie me dit, pour la énième fois, que son fils passe sa nuit à jouer, oui, dans tous ces moments-là, rêvant à la manière dont nous serait rendu du temps, préservé du sommeil, et épargnés bien des soucis, il me prend d'envier les nations qui se sont saisies du sujet.

Car si la Chine s'est montrée précurseur dans ce domaine, d'autres pays commencent, eux aussi, à réagir. Je pense à l'Inde, qui a banni TikTok après des tensions frontalières avec la Chine. Une interdiction qui s'étendait d'ailleurs à une soixantaine d'autres applications chinoises, et qui était motivée non par des soucis sanitaires ou médicaux, mais par des enjeux de souveraineté et de diplomatie.

Cette interdiction n'a sans doute pas été évidente. Après tout, il y avait à l'époque 120 millions d'utilisateurs actifs mensuels. Et l'interdiction, depuis 2020, n'a jamais été levée. Ce qui m'intéresse ici, c'est que cela montre qu'il est toujours possible de réagir : ce n'est pas une fatalité que de voir certaines applications se déployer. On peut toujours les bloquer. Les entraver. Et c'est bien dans cette voie qu'un pays comme l'Australie s'engage à son tour.

Donc, oui, il est temps d'agir, et l'Australie nous permet justement de trouver une alternative au modèle chinois de contrôle et de rationnement, ou au modèle indien d'interdiction pour des raisons diplomatiques.

La mesure date de novembre 2024 et n'entrera en vigueur que fin 2025. Sa visée ? L'interdiction d'accès aux réseaux sociaux, mais aussi à YouTube, pour les moins de 16 ans. Comment la faire appliquer ? Par un système d'amendes infligées aux compagnies, et l'obligation pour les entreprises de se conformer à cette loi d'ici un an. Néanmoins, beaucoup de points demeurent imprécis, et la réalité de cette décision reste encore à établir[13] : aucune procédure univoque de vérification d'âge n'a, à ce stade, été retenue par le législateur, laissant à chaque plateforme le soin d'improviser des solutions plus ou moins crédibles pour passer sous le radar des amendes astronomiques. Cette loi n'a pas fait l'unanimité : certes, sans surprise, TikTok et les autres ont communiqué leur déception et avertis du danger qu'il pouvait y avoir à amener les jeunes vers un internet plus sombre et dangereux... On connaît la tactique : les cigarettiers ont toujours mis en évidence le danger qu'il y aurait à interdire leur produit, au risque de favoriser la propagande et des produits dangereux pour la santé... Catégorie à laquelle, évidemment, les cigarettes n'appartiennent pas.

En revanche, on observe aussi toute une opposition alertant sur les « effets de bord » (exclusion numérique, contournements, impact sur la vie privée, perte du lien social en ligne pour les plus vulnérables) et, surtout, qui souligne qu'interdire l'accès à ces réseaux avant 16 ans ne changeait rien au fonctionnement des plateformes, et notamment aux dangers d'addiction et aux biais algorithmiques.

Là réside bien le fond du problème. La solution australienne, pour inspirante qu'elle soit[14], ne s'attaque pas à ce cocktail des deux éléments essentiels évoqués plus haut : la dopamine et ses effets qui, sans être toujours addictifs au sens propre, restent tout de même très problématiques ; les algorithmes, qui fonctionnent selon un principe bien éprouvé depuis *La Rhétorique* d'Aristote : les émotions négatives provoquent un engagement plus grand, alors, valorisons celles-ci !

Laisser de côté ces deux aspects, c'est faire comme si tout était une question d'accès, et non un enjeu lié au mécanisme même des industries numériques.

C'est sans doute précisément le point que l'Union européenne a en réalité mieux compris, même si sa réaction a semblé plus tardive.

Les réglementations européennes existantes

En Europe, il faut commencer par l'admettre, un certain nombre de choses ont évolué sous l'impulsion de Thierry Breton. Ce dernier fut d'abord vice-président de Bull, puis président-directeur général de Thomson et de France Télécom, à la fin des années 1990 et au début des années 2000. Il a donc connu de très près l'évolution des télécommunications et les débuts d'internet. Président de l'Association nationale de la recherche et de la technologie, c'est son activité de 2019 à 2024 qui le rend, à mes yeux, particulièrement intéressant. Il occupe alors la fonction de « Commissaire européen chargé du marché intérieur, de la politique industrielle, du tourisme, du numérique, de l'audiovisuel, de la défense et de l'espace ».

Cela implique surtout qu'il a été au cœur de la politique européenne de ces dernières années dans la relation avec les GAFAM, et, plus largement, au cœur des questionnements autour de la législation d'internet et du cyberespace.

Son témoignage est éclairant tant sur le poids des lobbies au sein même de l'Union européenne, et des modes d'actions de certains d'entre eux – il faut l'entendre raconter les menaces reçues, autre point commun avec certaines organisations mafieuses –, que sur le retour sur une épopée législative qui consista pour l'Union européenne à installer ce qu'il appelle « un socle, une capacité à négocier avec les plateformes parce qu'on sera désormais en rapport de force ».

Examinons un peu tout cela.

Pour bien envisager tous les aspects de cette législation, et ne pas rester uniquement dans la perspective proposée par son promoteur, je me suis également entretenue avec Pierre-Alexandre Balland, économiste, spécialiste des systèmes économiques complexes, de l'IA et des technologies de *blockchain*. Il fournira, en somme, le contrepoint scientifique et technique au discours plus politique que me tiendra sans doute Thierry Breton. Et en même temps Pierre-Alexandre Balland connaît très bien la perspective européenne sur ces sujets, puisqu'il occupe à l'heure actuelle la fonction de *chief data scientist* au Centre d'études sur les politiques européennes.

Venons-en au fait, et en particulier à la mise en place d'une législation adaptée au niveau européen.

La réglementation en question répond à un problème simple : les plateformes numériques, pour la plupart américaines, agissent en Europe et comptent un nombre conséquent d'utilisateurs qui viennent de notre continent, mais ne se soucient que des lois américaines, lesquelles présentent nombre de failles problématiques, sans compter les enjeux liés aux impôts ou à certaines notions comme la liberté d'expression qui ne fonctionnent pas du tout de la même façon aux États-Unis. Ainsi, la question est simple : comment réguler et forcer ces plateformes à se soumettre au cadre législatif européen ? Par la loi, justement. Ici interviennent trois textes fondamentaux : le *Data Act* (DA), le *Digital Services Act* (DSA), et enfin le *Digital Market Act* (DMA), qui ont été adoptés en 2022. Chacun vient œuvrer à différents niveaux.

Le premier, le DA, définit à qui appartiennent les données engendrées professionnellement ou industriellement, et clarifie leur propriété. Compte tenu du caractère crucial dans l'économie numérique actuelle de cette ressource – ce sont bien ces données qui permettent de créer de la valeur, d'innover, de personnaliser les services ou d'automatiser les *process*… –, on comprend combien il est essentiel d'y voir clair. Et plus encore avec le développement des objets connectés. Conduisant ma voiture, je crée énormément de ces données par jour, environ trente pétaflops. Ce nom peut faire sourire, mais ce que cette unité de mesure désigne est très sérieux et, en réalité, totalement inimaginable pour l'esprit humain. 1 pétaflop est égal à 1 million de milliards d'opérations par seconde.

Où je vais.

Ce que je fais.

Ce que je consomme.

Comment je conduis.

Mais ces données que je produis, à qui sont-elles ? Au constructeur de la voiture ou à son utilisateur ? Et ce dernier, s'il en est propriétaire, comment peut-il exercer ce droit ? Tous ces aspects ont vocation à être clarifiés par le DA entré en vigueur le 12 septembre 2025[15].

Le DSA établit les règles du vivre-ensemble sur les plateformes numériques en Europe. En d'autres termes, il s'agit de siffler la fin de la récré, de mettre un terme au far-west numérique qui a trop souvent prévalu. Comment ? D'abord, en permettant aux autorités compétentes d'imposer aux plateformes le respect de la loi, y compris dans l'espace numérique, notamment contre la propagation d'éléments illicites (comme les contenus antisémites ou racistes ou les produits dangereux). Parce que, oui, il faut une loi pour que ces plateformes respectent la loi. Auparavant, elles pouvaient lever les yeux au ciel, l'air à la fois contrit et exaspéré, et entamer le grand refrain du « ce n'est pas ma faute », avant de se lancer dans le couplet célèbre du « c'est bien triste, mais je n'y peux rien ». Avec le DSA, c'est fini. Il ne vise pas à contrôler les contenus eux-mêmes – cela relève de la justice –, mais impose aux plateformes des obligations de transparence et de contrôle concernant leurs algorithmes. Et, surtout, il s'agit d'une loi à portée extraterritoriale européenne – un peu technique, sans doute, mais essentiel. En d'autres termes, toute plateforme qui opère sur le marché européen doit se conformer au droit européen, ce qui veut dire pas de contenu illicite au nom de la liberté d'expression et pas de trafic d'algorithmes manipulés, en se retranchant derrière d'obscures lois locales. Vous agissez en Europe, vous vous conformez à la loi européenne. Et cela a des effets bien concrets.

Par exemple, le DSA permet concrètement à l'Union européenne et aux gouvernements de vérifier le respect de ces obligations, et en cas de violation ou de manipulation (comme la désinformation politique – oui, moi aussi, j'ai du mal à l'imaginer, mais il paraît que cela peut arriver sur les réseaux), des sanctions financières importantes peuvent être imposées, en particulier si la violation est grave et répétée. Et cela peut se faire non seulement à l'échelle d'une entreprise isolée, mais aussi concerner l'ensemble d'un groupe. Y compris, par extension – suivez mon regard –, à des sociétés comme Tesla ou SpaceX. Bref, le DSA, c'est du pouvoir rendu au politique devant le monde du numérique. Mais un grand pouvoir, on le sait, implique de grandes responsabilités. Et, surtout, d'avoir envie de les assumer. Or tout l'enjeu est là. La Commission européenne décidera-t-elle ou non d'appliquer véritablement les possibilités qui lui sont offertes par ce règlement ?

Enfin, le troisième texte fondamental, le DMA, vise avant tout à supprimer les monopoles. Un phénomène que l'on connaît bien – et qui est poétiquement évoqué par la métaphore du *gatekeeper* – le « gardien de la porte ». On dirait un peu un personnage de jeu de rôle – « Quittant les plaines de Xar Saroth, vous approchez des *gardiens de la porte* » –, mais en réalité, c'est un peu moins distrayant. Les grandes plateformes numériques, comme Google, pour les moteurs de recherche, ou bien Windows, pour les logiciels d'exploitation, sont de véritables « contrôleurs d'accès », et ont, par leur puissance économique, les moyens de se rendre incontournables. Ce contrôle d'accès passe par des choses très concrètes : par exemple, les logiciels déjà installés lors de l'achat d'un ordinateur ou d'un smartphone et qui sont presque impossibles à désinstaller – sauf si vous passez outre des messages de plus en plus comminatoires (« Êtes-vous sûr de vouloir désinstaller cette application ? »).

Telle est donc la cible pour le DMA qui éclaire d'une lumière blafarde la domination quasi exclusive que ces acteurs exercent sur le marché numérique grâce à leur puissance économique, leur rôle central d'intermédiaire et leur capacité à imposer des conditions commerciales souvent défavorables aux entreprises utilisatrices de leurs plateformes. On peut penser, ici, entre autres, aux conditions imposées par Apple sur son Appstore aux concepteurs d'application. Pour vous donner un exemple : certaines clauses prévoyaient la possibilité de modifier unilatéralement le contrat, de changer la distribution d'une appli ou bien l'accès à ses services. Bref, tout ce qu'un contrat est justement censé vous permettre d'éviter. Le DMA vient ainsi imposer une vingtaine d'obligations et d'interdictions pour prévenir les abus avant même qu'une infraction ne soit constatée : faciliter pour les utilisateurs le désabonnement et la désinstallation des applications préinstallées, sans message péremptoire, garantir l'interopérabilité des services – par exemple, pour la messagerie instantanée –, autoriser les vendeurs à promouvoir leurs offres en dehors des grandes plateformes et leur donner accès à leurs propres données de performance marketing, obliger les géants à notifier toute acquisition ou fusion à la Commission européenne pour éviter des stratégies d'élimination de la concurrence, etc.

L'objectif de ce rééquilibrage aux allures de mise à bas des privilèges ? Stimuler l'innovation et la concurrence loyale au sein de l'économie numérique européenne, favoriser l'équité commerciale et la liberté de choix pour les consommateurs.

Il faut prendre conscience de l'importance de ces règles car, en la matière, c'est bel et bien une concurrence plus ouverte qui favorisera l'apparition de plateformes alternatives avec des idées différentes et des pratiques plus respectueuses. Quand un nouvel acteur peut émerger face à un géant, il a intérêt à inventer une application moins addictive, ou à proposer des réglages qui protègent mieux le temps d'écran des enfants. Soit parce qu'il y croit sincèrement, soit parce que c'est un bon positionnement marketing. Mais dans les deux cas, cela améliorera la situation d'ensemble. Parce que nous avons besoin de diversité dans l'univers numérique. Si vous êtes l'unique fournisseur d'un supermarché, à quoi bon faire l'effort d'améliorer votre produit ? Les gens n'ont pas le choix. Et alors intervient le processus de « merdification » évoqué plus haut. Mais si quelqu'un est susceptible de faire mieux que vous, alors vous avez intérêt à vous améliorer aussi : originalité, qualité, et, qui sait, un soupçon d'éthique et d'écologie ?

Voilà pourquoi une régulation pro-concurrence dans le numérique n'est pas qu'un principe abstrait : elle encourage les grandes plateformes à améliorer leurs offres, à écouter les attentes sociales, et à permettre l'innovation sur des modèles qui respectent davantage les intérêts collectifs. C'est du moins ce que l'on peut espérer. Et, dans tous les cas, cela vaut la peine d'essayer.

Là encore, le DMA s'accompagne en cas de non-respect de sanctions qui peuvent être très lourdes : des amendes allant jusqu'à 20 % du chiffre d'affaires mondial et, en cas de récidive, la vente d'actifs, voire le démantèlement d'activités monopolistiques.

À noter : on trouve aussi dans ce texte l'interdiction de la pratique du *social scoring*, ou notation sociale, si répandue en Chine. Pour rappel, le *social scoring* consiste, en fonction de votre comportement, à vous donner un score qui vous offre plus ou moins de possibilités dans le monde réel. Par exemple, voyager n'est plus alors réservé qu'à certaines personnes. Un épisode de la série *Black Mirror* s'est appuyé sur cette idée en l'intégrant à la logique d'évaluation qui régit la plupart de nos interactions en ligne, et qui occupe déjà une place très importante, notamment dans le travail des livreurs à domicile, qui, à cause d'une mauvaise note, peuvent se voir priver d'emploi et d'accès au marché de la livraison. Ce phénomène de notation sociale, même s'il est, donc, en partie réglementé par le DMA, connaît un nouveau regain à la suite du développement des IA, et un certain nombre d'associations comme la Quadrature du Net redoutent à raison son utilisation, en partie par des compagnies d'assurance, voire des organismes publics[16].

Illustration des risques permanents d'un écart ou d'une inadaptation des règles devant les évolutions les plus récentes de la technologie. Et, moi-même, au moment où j'écris ce livre, j'ai l'impression de ne cesser de courir derrière les dernières informations, les dernières techniques qui risquent, une fois encore, de précipiter l'obsolescence de mon propos.

Tout en étant, à raison, assez satisfait du travail réalisé, Thierry Breton reconnaît qu'il faudra encore clarifier bien des points : sur les délais d'enquête ou la possibilité de séparations structurelles des plateformes en situation de monopole – ainsi de Google et de son triptyque moteur de recherche-mail-navigateur internet –, mais chaque chose en son temps, « pour l'instant, on a mis tout ce qu'il fallait ». Et des paliers temporels ont été ajoutés, pour donner « le temps aux entreprises de s'adapter ». Le problème est cependant qu'une telle vision est peut-être un peu datée. Ou que, pour être plus précise, étant donné les résistances des plateformes, il va sans doute falloir trouver autre chose.

Un article du *Temps* au titre évocateur apparaît d'ailleurs ce matin sur mon fil d'actualité : « L'Europe décide de s'aplatir brutalement devant les États-Unis sur le terrain numérique mais ce ne sera jamais suffisant ». Les lois ne sont rien sans la volonté de les appliquer. Voilà pourquoi l'allégorie de la Justice ne brandit pas seulement une balance : de l'autre main, elle tient une épée. Et je repense aux mots de Pierre-Alexandre Balland, quand nous avions évoqué ensemble ces règlements européens obtenus de haute lutte : « En soi, c'est formidable ce qu'il y a écrit dans ces lois. [Mais] il n'y a pas d'inforçabilité. Le texte est tellement vague que ça laisse trop de place à l'interprétation. »

Et les exemples abondent en ce sens, en effet.

Malgré les règles du DMA obligeant Apple à permettre aux utilisateurs de désinstaller facilement les applications préinstallées ou à modifier les paramètres par défaut, la Commission européenne est contrainte d'ouvrir des enquêtes répétées car les mesures prises sont contestées, retardées ou incomplètes.

Google a beau être accusé de ne pas respecter le DMA concernant la liberté des développeurs à orienter les consommateurs vers des offres extérieures au Play Store, l'application pratique reste lacunaire, la plateforme défend ses modèles en arguant des problèmes de sécurité ou d'expérience utilisateur.

Meta (Facebook, Instagram) poursuit son modèle « paiement ou consentement » – où l'utilisateur doit payer pour ne pas voir de publicité ciblée – dont la conformité au DMA est pourtant plus que douteuse.

Le flou demeure, les interprétations se multiplient, les enquêtes et procédures sont longues, les plateformes adaptent leurs stratégies, proposent des alternatives qui restent dans une zone grise, obligeant la Commission à réagir au cas par cas et très souvent *a posteriori*. Conséquence inévitable : les sanctions sont rares et lentes, même s'il faut saluer celle reçue par Google en plein cœur de l'été 2025 : 3 milliards d'euros pour abus de position dominante dans l'Union européenne[17].

Compte tenu du fonctionnement de ces entreprises décrit précédemment, sans sanctions régulières et dissuasives, pourquoi changeraient-elles ?

Le sujet est donc aujourd'hui moins l'absence de textes que le courage de les faire appliquer, d'établir un rapport de force. Bien des pays ont montré que l'on pouvait faire plier les GAFAM.

Le Brésil a suspendu X entre août et octobre 2024 après le refus d'Elon Musk de se conformer à des injonctions judiciaires visant à supprimer certains comptes liés à la désinformation et à des groupes pro-Bolsonaro, à payer les amendes infligées à la plateforme, et à nommer un représentant légal au Brésil (après la fermeture des bureaux locaux de X en août 2024).

Comment ? me demanderez-vous.

Eh bien, tout simplement, les autorités ont ordonné aux fournisseurs d'accès et aux magasins d'applications de bloquer l'accès à X, avec des amendes contre toute tentative de contournement. Et cela a duré jusqu'à ce que la plateforme plie et s'acquitte de ses obligations.

Ce bras de fer nous rappelle que ces plateformes ne sont pas une force qui va et que rien n'arrêterait. Elles obéissent à leur intérêt propre : or l'Europe constitue pour elle une source non négligeable de consommatrices et de consommateurs. Nous pourrions peser. Et nous devrons le faire, sans quoi la situation deviendra intenable. Soyons moins mous dans notre protectionnisme. Quand les Américains y recourent, ils le font sans aucun état d'âme. Même chose pour les Chinois. Pourquoi serions-nous les seuls à dire : « Ok, prenez nos données, entraînez vos algorithmes aux États-Unis et derrière, commercialisez, et nous deviendrons vos clients » ?

Oui, la législation existante a des forces. Mais il nous appartient aussi d'envisager d'autres mesures, d'autres solutions. Car les GAFAM ne sont pas des entreprises comme les autres, et c'est sur ce point qu'un chercheur comme Dominique Boullier se montre particulièrement critique.

Pour lui, ces réglementations européennes pèchent fondamentalement par naïveté ou complaisance envers ce qui constitue le cœur même de ces firmes, qui n'ont aucune intention d'accepter des règles ou des limites. Celles-ci iraient à l'encontre de l'idéologie même qui les irrigue. Elles ont pris un tournant libertarien, explique-t-il, qui a un objectif : démanteler toute possibilité de régulation pour devenir des monopoles complets. Le monopole, ennemi juré, en théorie, de tout libéralisme économique, voilà l'objectif ultime, le graal, l'anneau unique, après lequel courent ces entreprises du numérique. Et elles ne s'en cachent nullement : Peter Thiel, un des plus influents chefs d'entreprise de la Silicon Valley, président de Palantir Technology, société spécialisée dans l'analyse de données sensibles, et un des fondateurs de PayPal, nous l'avons vu, considère que la concurrence n'a aucun rapport avec le capitalisme, que le capitalisme est l'ennemi de la concurrence et doit être un capitalisme de monopole. Ou, pour le dire avec ses mots : « La concurrence, c'est pour les *losers*[18]. »

Pour faire court, le sujet n'est pas seulement l'insuffisante application des textes, mais le fait que ces derniers parlent une langue qui n'est pas, n'a jamais été, et ne sera jamais celle de ces plateformes. Et c'est là que réside le grand malentendu.

La réalité, c'est que nous avons changé de monde. Loin, bien loin des utopies des années 2000 avec lesquelles certains continuent de penser internet. Nous sommes désormais confrontés à des plateformes omniprésentes et surpuissantes, animées par une volonté idéologique offensive contre l'État, contre l'état de droit et contre toute forme de régulation. Il est compliqué de passer par le droit pour réguler des entreprises qui ne rêvent que d'une chose : déréguler. Et c'est encore plus compliqué quand ce qui est en jeu n'est pas la réflexion approfondie d'un sujet, l'usager, qui va devoir prendre une décision importante et fondamentale, mais son réflexe, son tic, une succession de gestes qui, dans leurs brièvetés, abolissent la notion même de pensée, de recul, de réflexion, voire de décision. Une malédiction qui nous zombifie, voilà l'ennemi. Et ce n'est même pas un effet pervers, involontaire, que les GAFAM pourraient regretter – à l'instar de l'effet secondaire d'un médicament.

Non, c'est au cœur même de leur modèle.

Voilà pourquoi, selon Dominique Boullier, si doit y avoir intervention des pouvoirs publics européens, il faut avant tout qu'elle cherche à réguler l'interface et le fonctionnement même des réseaux sociaux. Leur imposer une hygiène numérique nouvelle, la sobriété connectée, comme on pose des règles sanitaires contre les aliments trop sucrés ou trop gras.

Les réglementations qui devraient exister pour plus d'efficacité

L'enjeu est avant tout de redonner du temps pour agir, lutter contre l'automaticité et la captation de l'attention, et réintroduire, par la force de l'obligation juridique, des moyens de contrôler et de conscientiser ce qui se passe sur les réseaux en rendant visible et maîtrisable « ce qui aspire l'attention » et en laissant la possibilité aux usagers de s'en détacher réellement.

1re idée : afficher en permanence le temps d'écran et prévoir des respirations numériques

Pour bien comprendre cela, il faut partir d'un exemple très clair – celui du tableau de bord d'une automobile :

> Il faudrait que visuellement, vous ayez toujours des perceptions qui soient cadrées par votre tableau de bord, comme vous l'avez dans la voiture où vous avez tout le temps votre vitesse qui s'affiche. Vous devriez avoir à la fois la durée de présence sur le réseau, la possibilité de voir combien de posts ou de reposts vous avez faits. Le simple fait de voir ces informations en temps réel, qui seraient uniquement destinées à l'utilisateur, cela vous donne une connaissance quant à votre pratique. Et la conséquence est claire : cela vous pousse à une forme d'auto-contrôle beaucoup plus forte que si vous n'avez pas tous ces repères [...][19].

Dans le secteur de l'automobile, nous avons su, au fil des décennies, imposer des garde-fous indispensables : limitation de vitesse, clignotants, ceintures de sécurité, autant d'instruments que la réglementation a érigés en standards au nom de la sécurité collective. Aujourd'hui, face au numérique, c'est une véritable question de sécurité mentale et sociale qui se pose : nous avons besoin de règles, de dispositifs de protection, de barrières. Et pourtant, les grandes plateformes du numérique ne s'embarrassent plus des procédures habituelles ; elles échappent aux organismes internationaux de standardisation, préférant leurs propres comités internes, où elles décident seules de ce qui leur convient. Ce déficit de régulation commune laisse la société exposée, sans l'équivalent de ce qui a permis à l'automobile de devenir plus sûre à l'échelle collective.

Afficher en permanence le temps d'écran, cela correspond à ce que proposent certains smartphones : se contrôler, s'imposer des limites. Mais avec une différence fondamentale. Ici, ces éléments seraient directement visibles depuis votre interface, sans possibilité de les enlever, de la même manière que vous ne trouverez jamais une option permettant de supprimer l'affichage de votre vitesse sur un tableau de bord (à moins que Musk ne voie là une innovation indispensable à ses TESLA ?).

Imposer ce type d'affichage n'empêchera pas la transgression, de la même manière que voir sa vitesse ne contribue pas à abolir tous les délits routiers. Mais instaurera un contrôle, voire nourrira en continu l'étonnement qui, justement, parfois, nous permettra de nous arrêter, quand nous constaterons que nous venons de passer trois heures d'affilée sur nos écrans.

Et ce contrôle sera d'autant plus efficace que la clarté se fera enfin sur ce qui nous accapare ainsi. C'est-à-dire qu'on imposera aux plateformes une obligation de transparence algorithmique : expliquer de manière claire comment sont sélectionnés et poussés les contenus, permettre un suivi individuel du « parcours d'attention », similaire au journal de navigation dans un navigateur web. Ce sera obliger, aussi, toutes les plateformes à proposer des réglages accessibles pour désactiver ou personnaliser les algorithmes de recommandations, comme offrir le choix entre fil « chronologique » et fil « personnalisé ». Parce que l'on sait bien que dès qu'un changement exige de passer par plus de trois étapes différentes, alors il y a de grandes chances pour que l'on renonce. Trop compliqué. Trop lent. Trop... on ne sait pas bien quoi, mais cela n'en vaut pas la peine.

Pour les mineurs, imposer le filtrage automatique de certains contenus et l'intégration de dispositifs de contrôle parental natif (plages horaires restreintes, mise en pause obligatoire après un certain temps d'écran).

Tout cela produira d'autant mieux ses effets lorsque s'imposera l'usage de « design sobriété » favorisant le décrochage et la prise de recul : la limitation temporelle des fils sans fin et *autoplay* des vidéos, un message surprise incitant à quitter l'appli après une période prolongée, ou encore la bascule du smartphone en noir et blanc... Alors, sans doute, les écrans seront moins beaux, les icônes moins attractives, mais c'est le but. Un peu comme avec le paquet neutre pour le tabac. Nous n'en sommes pas à l'affichage automatique de photos de cancers en phase terminale à l'ouverture de nos terminaux, mais faire perdre de son attractivité à nos appareils doit être un enjeu législatif. Moins sexy, donc moins nocif. Tel est l'objectif.

Bref, conscientiser le temps passé, complexifier les interfaces pour ne pas nous laisser entrer dans la logique délétère du *doomscrolling*, et le faire à l'échelle européenne me semble une mesure assez solide. Est-elle suffisante ? Sans doute pas. Et comment surmonter le poids, bien réel, des lobbies ? Ici interviennent encore d'autres mesures complémentaires, suggérées principalement par Dominique Boullier et Pierre-Alexandre Balland. Elles se rejoignent parfois, se complètent souvent, et ont en tout cas contribué grandement à nourrir ma réflexion sur le sujet. Voici le moment de continuer à éplucher notre catalogue de mesures possibles.

2e idée : affaiblir l'algorithme par une obligation de hasard

Dans le monde des jeux de combats compétitifs, type Ultra Street Fighter 5, un des enjeux est celui de l'équilibrage. Comment faire en sorte que tous les personnages soient intéressants, sans en rendre certains vraiment trop faibles, et d'autres vraiment trop forts. Pour cela, les concepteurs des jeux sortent régulièrement des patchs qui vont affaiblir des personnages trop forts et au contraire renforcer les plus faibles. Dans la première option, il s'agit de « nerfer » un personnage trop puissant dont on dira poétiquement qu'il est « craqué » quand, dans la seconde, le « buff » assure au contraire le renforcement d'un combattant trop faible et désavantagé par rapport à ses congénères. Ce petit détour parmi les joies du vidéoludique pourra ravir amatrices et amateurs de ces distractions, mais aussi favoriser la mise en évidence du problème des algorithmes. Ces derniers sont beaucoup trop puissants et bien faits. Ils fonctionnent trop bien.

Vous me direz que ces performances sont totalement productives pour les entreprises – dont le but est de nous garder le plus longtemps possible sur leurs réseaux, et vous aurez indubitablement raison. Mais, au contraire, cela contribue à engendrer un combat totalement déséquilibré entre nous, utilisateurs, et l'algorithme. Celui-ci exploite nos faiblesses, ravit notre cerveau à grand renfort de dopamine, et nous propose, ce qui est son objectif principal, un contenu susceptible de nous intéresser.

Et comme si ça ne suffisait pas, il ne cesse de vérifier qu'il fait correctement son travail, non seulement par les indicateurs d'engagement (regardons-nous la vidéo jusqu'au bout, partageons-nous, réagissons-nous ?), mais aussi par cette question, qui, parfois, surgit, par exemple dans le flux des *shorts* de YouTube : « Avez-vous trouvé la suggestion précédente pertinente ? »

Nous répondons ou pas, mais, dans tous les cas, l'idée est simple : s'assurer que nous voyons bien défiler sous nos yeux des choses qui sont susceptibles de nous captiver et de nous retenir ici encore un peu plus longtemps.

Vous aurez constaté que d'une phrase à l'autre je suis passée de l'idée d'intérêt à celle de captif.

Ce n'est nullement un hasard ni la simple nécessité d'apporter un peu de variété à mes propos : en réalité l'intérêt est encore une notion trop douce pour ce qui s'accomplit derrière l'écran, dans les calculs binaires d'un silicium désabusé.

Il s'agit bien de nous retenir prisonniers, comme le suggère plus aisément le terme de captiver. Intéresser suppose de fonctionner sur des critères rationnels, voire intellectuels, et devenir ainsi bénéfique. Captiver se rapproche de l'hypnose, de cette fascination perverse qui fait qu'au moment même où nous regardons, nous regrettons de regarder, et nous nous demandons même « pourquoi est-ce que je continue ? ». Et pourtant, nous continuons. Pour nous émanciper, il ne suffira pas de nous éduquer ou de faire des efforts : il faudra aussi agir directement sur ces algorithmes, en faisant exactement l'inverse, le nerfer. Tout simplement parce qu'il est plus fort que nous ; trop fort pour nous.

Comment l'affaiblir ? En réintroduisant ce qui est susceptible de nous faire décrocher, comme le surgissement impromptu de quelque chose qui ne nous intéresse absolument pas. Je repense à ce qui fonctionnait ainsi à merveille lorsque je regardais la télévision dans ma jeunesse : un talk-show interminable ou un documentaire soporifique sur la chasse et la pêche. Deux programmes qui, pour l'enfant de 8 ans que j'étais, marquaient inexorablement le moment où il allait falloir trouver autre chose à faire.

En résumé, s'il y a une loi à faire passer, c'est bien celle-ci : forcer toutes les entreprises intervenant en Europe à réintroduire, dans leurs algorithmes, un certain pourcentage de *randomness*, donc de hasard. Pourcentage encore à définir – 5 %, 10 % ? –, mais qui ouvre tout d'un coup d'autres opportunités, d'autres domaines et donc d'occasions de, tout à coup, se dire : « Tiens, si je faisais autre chose ? »

En d'autres termes, nous inscrire dans une boucle d'actions et de rétroactions qui ne soit plus infinie, mais qui, de temps en temps, laisse entrouverte la porte du cachot. Vous avez peut-être déjà entendu parler de l'expression de *backdoor* – la « porte de derrière ». Elle désigne un phénomène bien précis : dans la programmation d'un logiciel comme dans la structure interne d'un smartphone, les développeurs vont d'ordinaire conserver la possibilité d'accéder à ce qu'ils ont créé par une voie détournée, une sorte de porte dérobée. Nous aurions besoin de ménager, non plus au créateur, mais au consommateur, une porte analogue, à laquelle il pourrait accéder, même un bref instant. Sa liberté, ou, plus précisément, son émancipation, est à ce prix.

Ici encore, l'occasion d'une prise de conscience, et donc d'un arrachement aux écrans absolument fondamental, devrait être imposée à toute entreprise par le biais de la législation européenne. Il ne viendrait à personne l'idée de vendre à quelqu'un une voiture sans compteur kilométrique et dont il nous serait impossible de sortir, il n'y a aucune raison que l'on répande ainsi sur nos territoires des mécaniques psychologiques qui abolissent justement ce qui est au cœur de notre pensée du droit et de la démocratie, à savoir la liberté, de penser, d'agir, et donc d'échapper à une fatalité numérique. Le mot est fort ? Peut-être. Néanmoins, c'est bien de cela qu'il s'agit.

3e idée : refuser la contagion irrépressible

La viralité, c'est la dimension contaminante des réseaux sociaux. Si l'on a souvent insisté sur l'effet bulle d'internet – qui constitue effectivement un problème important –, il ne faut pas minimiser non plus le problème de la valorisation des contenus viraux. Le terme est positif dans le vocabulaire scientifique, ce qui devrait à tout le moins nous étonner. En quoi le modèle de développement du virus serait-il attractif ?

Intervenir sur les contenus nous met toujours dans une position de « réaction à ». Mais si le contenu répréhensible est évidemment un problème important, c'est bien sa contagion et sa diffusion qui sont les plus problématiques. C'est la réactivité instinctive, l'amplification, la cacophonie qui rend impossible l'argumentation, le temps de la discussion. Et cette viralité que le design actuel des réseaux sociaux favorise, il s'agit de la défavoriser. Là encore, il est question d'imposer d'autres designs à l'industrie du numérique, comme on l'a fait pour toutes les industries. Car des limites, des contraintes, toutes les industries et les entreprises en subissent. On ne laisserait jamais un fabricant de jouets mettre sur le marché un étal de bricolage comportant une véritable scie circulaire à destination des tout-petits. Il n'y a aucune raison qu'il en aille différemment pour les entreprises du numérique.

Le temps de la piraterie est terminé. Bienvenue dans celui des normes.

Et de la même façon que nous sommes en mesure d'identifier les éléments les plus nocifs dans certains engrais ou pratiques agricoles, nous pouvons tout à fait décider d'interdire un certain nombre de procédés, tous très facilement identifiables, et qui jouent un rôle non négligeable dans les problèmes rencontrés aujourd'hui par nos sociétés quand on aborde la question du numérique.

Et donc d'imposer en l'occurrence des éléments facilitant la lutte contre la contagion. De la même façon que le virus le plus dangereux du monde, s'il reste isolé, ne nécessite pas forcément un vaccin, c'est en coupant les chaînes de contamination que l'on pourra agir le plus efficacement.

C'est la suppression de ce que l'on appelle les « *vanity metrics* » : les scores de *likes*, *retweets*, partages qui stimulent encore et encore la volonté de les voir s'élever, croître, et donc qui favorisent, *in fine*, la viralité. C'est l'imposition de « pop-up » de confirmation pour chaque action – veux-tu vraiment partager ce contenu ? Veux-tu vraiment envoyer cette photo ? ; c'est la limitation des partages en cascade en fixant des quotas de partage ou de publication par utilisateur sur un temps donné pour réduire les comportements compulsifs…

Bref, briser la rapidité, le caractère impulsif, et favoriser la concentration, la réflexion, le recul.

Bien sûr, compte tenu du rôle de tous ces éléments dans les modèles économiques des réseaux, l'opération nécessitera un rapport de force important. Mais nous pouvons, nous devons, nous rappeler que nous avons eu, à une époque, la capacité de le mettre en place. Après tout, l'interdiction des publicités sur le tabac allait bien contre le modèle économique de ces industriels. Pourtant, nous l'avons fait.

Parce que ce qui est en jeu est absolument fondamental. C'est réintroduire au cœur du numérique un processus de civilisation, ce lent processus qui nous a conduits historiquement à ne plus être dans une réactivité et une impulsivité violente, mais qui suppose un travail spécifique sur soi.

Comme le disait Camus : « Un homme, ça s'empêche. »

Il faisait prononcer cette phrase au protagoniste de son roman *Le Premier Homme*, dans un contexte autrement dramatique, devant le corps de deux camarades assassinés. Néanmoins, il y a, dans cette conscience des limites, dans ce refus de céder à la brutalité et à la sauvagerie, une forme de sagesse et d'éthique dont nous, dans l'accélération même de tout ce qui nous entoure, gagnerions à garder la mémoire et la trace.

Et s'empêcher, s'entraver, devient alors non pas le symbole de je ne sais quel asservissement, mais au contraire la condition même de la liberté retrouvée, d'une vraie liberté, la nôtre, pas celle illusoire que proposent des entreprises qui se nourrissent en parasites de notre captivité, de leur aptitude à nous attirer et à nous retenir, et de notre incapacité à nous en délivrer.

4e idée : changer le statut juridique des plateformes

Après Camus, un autre humaniste, européen : La Boétie. Et notamment cette phrase, dans son *Discours de la servitude volontaire* : « Ils ne sont grands que parce que nous sommes à genoux. » Les premières mesures évoquées doivent permettre aux consommateurs de se relever. C'est bien. Mais il faut aussi se débrouiller pour mettre toutes ces multinationales à notre portée. Et pour cela, une mesure est absolument nécessaire : changer le statut juridique des plateformes.

C'est un point récurrent chez toutes les personnes que j'ai rencontrées, et à juste titre : c'est ici que réside l'un des principaux nœuds du problème. Ces plateformes sont considérées comme non responsables des contenus auxquels on peut accéder en leur sein.

Depuis 1996 et l'adoption évoquée plus haut de la section 230 du *Communications Decency Act* aux États-Unis – qui a inspiré ensuite d'autres cadres législatifs dans le monde –, les grandes plateformes numériques bénéficient donc d'un statut d'hébergeur qui les soustrait à la responsabilité des contenus produits par leurs utilisateurs. L'argument de départ était simple : elles seraient de simples intermédiaires, et non des médias. Or, cette distinction ne tient plus.

Aujourd'hui, ces plateformes jouent pleinement le rôle d'acteurs médiatiques : elles prennent des positions politiques publiques (l'influence d'Elon Musk ou de Mark Zuckerberg ne laisse aucun doute là-dessus), elles exercent un véritable contrôle éditorial sur les contenus diffusés, et affichent leurs propres « politiques éditoriales » – reconnaissant implicitement leur statut d'éditeurs. À ce titre, elles devraient relever du même régime juridique et de la même responsabilité que les médias traditionnels, et ne pas continuer à jouir d'un privilège qui leur donne tous les pouvoirs médiatiques mais aucune des responsabilités qui vont avec. C'est trop facile. C'est surtout trop dangereux.

Quelles conséquences concrètes aurait ce passage d'un régime à l'autre ?

La première concerne la modération. Changer le statut des plateformes, cela implique concrètement de ne plus se contenter d'une modération *a posteriori* – parfois minimale et mécanisée, surtout depuis l'automatisation ou les licenciements massifs chez les modérateurs humains –, mais d'exiger une modération en amont, qui engage réellement leur responsabilité.

Un enjeu essentiel, et qui pourtant est dépeint par certains – à commencer par Mark Zuckerberg – comme un problème. Après tout, modérer, n'est-ce pas entraver une liberté fondamentale ? Si, peut-être. Mais certaines libertés ne le sont plus dès lors qu'elles sont nocives et nuisibles pour autrui. De la sorte, il semble essentiel d'entraver la liberté fondamentale consistant à venir régler à coups d'épée des problèmes de stationnement à Paris, ou bien la liberté de donner à boire à un nourrisson un litre de vodka pour « développer son palais » et l'aider à s'endormir. L'expression ne fait pas exception. Soyons très clairs : l'idéologie d'une « liberté d'expression sans limite », souvent revendiquée dans les milieux libertariens, n'est pas compatible avec les exigences européennes en matière de responsabilité éditoriale et de protection des droits fondamentaux. C'est aussi simple que cela. Et si vous n'êtes pas d'accord, vous êtes toujours libre de ne plus agir sur le marché européen.

Enfin, il faut bien voir que les plateformes ne se contentent pas d'éditorialiser : elles exploitent et instrumentalisent les contenus des médias traditionnels, s'en servent comme levier de négociation et de pression, à l'image de ce que l'on a observé récemment en Australie et au Canada.

Coup sur coup, on voit les plateformes menacer de retirer leur service de partage d'actualités ou de déréférencer complètement les médias locaux si les lois avaient l'outrecuidance de les rendre responsables du contenu publié ou de les obliger à rémunérer les médias traditionnels pour le partage d'articles. Payer quelqu'un pour son travail ? Et puis quoi encore ? Pourquoi ne pas rémunérer les internautes pour tout le travail qu'ils abattent gratuitement[20] pour les GAFAM ?

Mais revenons-en aux faits. Qu'avaient-ils fait pour mériter de tels blocages ? L'Australie, en 2021, avait adopté le *News Media Bargaining Code*. Le Canada, la loi C-18, appelée « Loi sur les nouvelles en ligne » (*Online News Act*), en 2023. Ces deux textes répondaient à une même préoccupation. Mettre un terme à l'exploitation par les plateformes de contenus créés par d'autres, et les obliger à négocier avec les éditeurs de presse et à les rémunérer pour l'utilisation et la diffusion de leurs contenus journalistiques. Si ces deux lois se ressemblent, ce n'est nullement un hasard : le Canada s'est inspiré de l'Australie. Et l'analogie ne s'arrête pas là. Les deux pays ont dû faire face à un bras de fer.

Facebook bloqua temporairement toute actualité sur sa plateforme et Google menaça de retirer son moteur de recherche du pays ou de suspendre le partage de nouvelles si la loi entrait en vigueur.

Finalement, ces deux lois sont entrées en application, mais, paradoxalement, de manière moins vigoureuse que prévu. Et les accords conclus restent en deçà de ce que l'on pouvait espérer. Si Meta bloque toujours les nouvelles canadiennes sur Facebook pour ne pas avoir à payer, Google a versé 100 millions de dollars au pays[21], bien moins que les 172 millions de dollars par an espérés par le gouvernement dans ses prévisions initiales[22].

Eh oui, la dépendance envers ces sociétés est telle, les plateformes sont devenues si essentielles pour accéder à l'information, qu'elles peuvent se permettre de menacer de couper les services pour influer sur la législation et imposer leurs propres intérêts aux gouvernements. Il est donc grand temps, sinon de s'en passer, du moins de s'y confronter, et d'engager un rapport de force. Car plus rien ne justifie ce statut d'un autre temps. Parce que ce statut est profondément obsolète. On a déjà dit qu'il avait été accordé en 1996. Or à quoi ressemble internet à cette date ? À des pages très moches, qui s'affichent très lentement. À un bruit strident de modem qui fait saigner les oreilles. À des moteurs de recherche qui ont pour mascotte un chien. Bref, nous sommes à l'âge archaïque d'internet, à une époque où ce dernier ne ressemble absolument pas à ce qu'il deviendra plus tard.

Vous me direz peut-être que c'est encore internet. Sans doute. Mais pour raisonner par analogie, s'il me venait à l'esprit de vouloir terrasser Teddy Riner aujourd'hui (drôle d'idée, je sais), la méthode que j'aurais pu employer quand il était encore un enfant âgé d'un an n'aurait plus aucun sens. Il en va de même pour la section 230. Irresponsabiliser les réseaux sociaux comme s'ils fonctionnaient de la même manière qu'à l'origine, et avec les mêmes enjeux, c'est profondément absurde. Comme le judoka français, internet a changé. Conséquence logique : la loi doit changer aussi. C'est du bon sens. Et la seule raison pour laquelle nous ne le faisons pas, c'est justement parce que les réseaux sociaux sont aujourd'hui devenus trop puissants.

Donc à nous d'être courageux.

À nous de nous imposer devant eux.

À nous d'accepter le rapport de force, et, dans ce combat, d'accepter, peut-être, un renfort inattendu : celui des annonceurs.

5e idée : trouver des alliés

Parce qu'au fond, si le système fonctionne, étant donné qu'il repose sur une certaine forme de gratuité, c'est bien parce qu'il y a de la publicité pour le financer.

Sans publicité, pas de revenu. Sans revenu, l'entreprise ne tient pas très longtemps. Or ces annonceurs qui dépensent des fortunes n'ont souvent qu'une vision très limitée de ce qui se joue sur les réseaux. Ils ne savent en général même pas quel est leur impact réel, ou par combien de personnes ils sont vus. Après tout, des vus, ça s'achète. Des commentaires aussi. Des *bots*, ça se crée. Donc nous avons un objectif commun : davantage de visibilité et de responsabilité de la part des plateformes, et cela pourrait bien passer par la création d'une régie publicitaire autonome. Et comme l'ajoute Dominique Boullier, non seulement les marques deviendraient « des alliés dans cette lutte », mais surtout la régie publicitaire « permettrait aussi aux chercheurs d'avoir accès à des mesures indépendantes, ce qui constituerait une source de données sociales extraordinaire ».

Puisque combat il y aura, autant aller chercher des alliés puissants.

Surtout quand on observe à quel point les revenus publicitaires, qui contribuaient auparavant à financer une immense partie de la presse, sont aujourd'hui accaparés par les réseaux sociaux : les canaux numériques, selon le *Digital Report 2025*, représentent, en 2024, 72,7 % de l'investissement publicitaire mondial, soit 1,1 trillion de dollars, un chiffre en augmentation de 7,3 % par rapport à l'année précédente, et qui a plus que doublé depuis 2019[23].

Avec autant d'argent en jeu, il serait étonnant que les marques ne soient pas intéressées par une vision plus fine de ce qui se joue au-delà des interfaces.

6e idée : mettre en place un Numi-Score

Donc, on l'a vu, il s'agit de conscientiser, de rééquilibrer, et, ce faisant, de donner davantage de pouvoir aux consommateurs dans leur rapport au produit consommé. Et ici me vient une analogie. Et si l'on proposait, à l'échelle européenne (pourquoi pas, soyons fous !), de mettre en place un Numi-Score, sur le modèle du Nutri-Score. Alors, oui, je sais, nous n'y sommes pas parvenus pour tous les aliments. Mais parce que nous sommes bien moins puissants dans le domaine des réseaux sociaux, et plus vertueux aussi, peut-être, pourquoi n'arriverions-nous pas, surtout dans le contexte de la guerre commerciale, à établir un classement des différents réseaux qui nous permettent de ne pas avoir une approche indifférenciée des pratiques numériques, mais de pouvoir justement distinguer entre des applications fondées sur l'addiction et des modèles de jeux de hasard, et d'autres qui favorisent davantage les interactions.

Naturellement, un travail collectif important est encore à mener s'agissant des critères, et plusieurs pistes ont été esquissées au fil des mois écoulés[24]. On pourrait penser aussi bien aux enjeux de la dépendance, au fonctionnement de la plateforme, mais également, notamment pour les services de livraison, à des enjeux de rémunération, de dialogue social, d'éthique, etc.

Surtout, au fur et à mesure que je rencontre des spécialistes, on voit certaines évidences revenir : TikTok, on l'a vu, est souvent mentionné comme l'un des réseaux les plus problématiques, entre autres en ce qui concerne la propagation de fausses informations ; X est celui sur lequel on croise le plus de trolls, ces utilisateurs qui interviennent uniquement pour perturber, provoquer, et hyperpolariser, au détriment de la qualité des échanges ; Facebook est régulièrement pointé du doigt pour le manque de contrôle sur la modération des contenus haineux ou l'insuffisante protection des données personnelles. Le jeu vidéo en réseau qui favorise l'échange et la sociabilité est moins dangereux que celui qui entraîne, au contraire, un repli sur soi.

D'ailleurs, dans cette réflexion, il serait indispensable aussi de tenir compte des avis des pratiquantes et des pratiquants, qui, bien souvent, savent que telle communauté sur tel jeu est plus toxique que telle autre. Les maltraitances infligées jusqu'à la mort au streameur Jean Pormanove, sur la plateforme Kick, illustrent tout autant l'ampleur de cette toxicité que le fait qu'elle ne s'arrête guère aux utilisateurs mineurs.

Qu'on se rassure, il ne s'agit pas ici pour moi d'entonner avec tant d'autres le procès trop réducteur des écrans et d'internet dans cette affaire. Kick a facilité ce qui est advenu, peut-être, mais ce sont bien des milliers de spectateurs qui riaient devant une personne handicapée battue à mort. Les coupables, ce sont d'abord et avant tout les violences humaines, les mentalités qui tolèrent le mépris, la cruauté et la perversion, le capitalisme amoral qui transforme la souffrance en spectacle rentable.

De la même manière, les dizaines d'hommes qui ont violé Gisèle Pelicot, après avoir répondu à une annonce sur coco.fr, sont évidemment plus coupables et responsables que ne l'est la plateforme elle-même. La violence vient des hommes. Mais que les plateformes manquent à ce point de modération, qu'elles offrent sans sourciller des outils qui servent de support à cette violence, n'est-ce pas révoltant ?

De la sorte, mettre en place un Numi-Score sur le modèle du Nutri-Score – et pourquoi, d'ailleurs, ne pas engager la démarche à l'échelle nationale avant de passer à l'Europe – serait effectivement un bon premier pas pour commencer à s'emparer du sujet, et continuer à donner à chacune et à chacun un certain nombre de clés.

Cela aurait aussi des avantages nombreux :

Différencier les usages au lieu de tout résumer aux « écrans ». On a un peu tendance à tout englober, alors qu'il existe effectivement des différences importantes entre, d'une part, les supports matériels eux-mêmes – le smartphone étant, par sa mobilité, le plus problématique – et les applications ou les réseaux auxquels nous avons accès : Duolingo n'est pas Candy Crush, quand bien même les mécanismes incitatifs et la construction de l'addiction sont les mêmes…

Contribuer, comme le Nutri-Score, à faire évoluer les pratiques des entreprises. En d'autres termes, que celles-ci puissent commencer à se poser de véritables questions. Et comme on ne peut guère se fier à leur bonne volonté, comme le rappelle l'ouvrage de Sarah

Wynn-Williams (ancienne directrice mondiale des affaires publiques de Facebook) paru en mars 2025 et qui s'intitule justement *Careless People* (« Des gens qui n'en ont rien à faire »)[25], prenons le parti qu'ils sont encore un peu soucieux de leur image de marque. Une note E, impliquant aussi bien des analogies avec les jeux de hasard, les risques de suicide, la facilitation des comportements pédophiles, pourra, je l'espère, paraître peu enviable, et donc nourrir une envie de changement, au risque de se heurter aux joies du laisser-faire déjà rencontrées lors des alertes internes sur l'état mental des adolescentes.

Favoriser une meilleure appréhension par les consommatrices et les consommateurs de ce qui se joue par-delà les interfaces fluides, colorées, et, au fond, très sympathiques. Leur rendre, ainsi, un peu de conscience. Et, de la sorte, pourront sans doute naître d'importantes questions : pourquoi mon réseau social préféré est-il considéré comme toxique ? Et pourquoi d'ailleurs inscrit-on de telles plateformes dans une logique de santé ? Est-ce que le Coca-Cola a son équivalent numérique ?

Alors, ces mêmes avantages vont évidemment venir largement nourrir la réticence des acteurs de ce domaine.

On va sans doute entendre d'éternelles lamentations, des grincements de dents, aussi, sur la pénalisation et la criminalisation d'entreprises qui, comme l'avait dit Google au moment de sa création, veulent le bien de l'humanité et défendent le progrès contre de vilains réactionnaires qui attentent à leur liberté.

Nous aurons, face à nous, des armées de lobbyistes. Thierry Breton les avait déjà rencontrées sur son chemin au moment de la mise en place de cette législation qui, tout en constituant une véritable avancée, ne déploie pas suffisamment de réelles contraintes sur les GAFAM. Donc imaginez ce à quoi nous devons nous attendre si nous commençons à vouloir afficher de petites notes avec un code couleur fort simple sur chaque application.

Celles et ceux qui veulent capter notre attention nous accuseront alors de brider leur liberté. Mais qu'est-ce qui est le plus nuisible et le plus dommageable pour cette dernière ?

L'absence d'information ou la clarté de celles-ci ?

Ces entreprises qui font de l'or avec nos données se plaignent de devoir être transparentes, quand toutes leurs conditions d'utilisation impliquent que nous leur donnions accès à nos contacts, nos échanges, nos mails, nos listes, nos vidéos, nos enregistrements audio, nos photos… et nous serions les méchants dans cette histoire ?

Il va nous falloir, c'est évident, beaucoup de courage si nous voulons pouvoir porter ces mesures au niveau européen. Il va falloir également que chacune et chacun s'empare de ce sujet. Car c'est notre passivité qui facilite leurs activités. C'est notre absence de réactions et de demandes sur ce sujet qui les encourage à poursuivre comme avant.

Alors, d'une façon ou d'une autre, interrogez-vous : qu'est-ce que j'installe ? Qu'est-ce que j'utilise ?

Oui, regardez-le un instant ce petit objet qui n'a l'air de rien, négligemment posé sur la table de nuit, à côté de vous, voire à table tout court, pendant les repas, et demandez-vous s'il vous veut du bien, et si votre relation avec lui est saine. Et pour toutes ces questions, nous aurions bien besoin de plus de clarté de leur part. Car lire des conditions d'utilisation, c'est long – et c'est d'ailleurs fait pour ne pas être lu, donc ne culpabilisez pas.

En revanche, voir apparaître, à côté de l'application que vous souhaitez installer, une lettre – E – et une couleur – rouge carmin –, voilà qui pourrait vous aider, nous aider, et favoriser ce recul dont nous manquons tant, à force d'être, la tête penchée, sur un écran illuminé.

La question des réseaux sociaux et du numérique ne peut jamais se résumer à une question économique, ou de simple innovation. Car ce dont nous parlons vient modeler notre rapport aux autres, à nous-mêmes, à notre société et à ses institutions. Si le projet de VR (réalité virtuelle) de Meta s'est avéré risible, c'est peut-être qu'il était profondément inutile : nous avons déjà, entre nous et le monde, une interface. Et celle-ci est déjà régie par les entreprises du numérique. C'est donc bien elles qui doivent être nos premières cibles. Ce qui n'empêche en rien de s'interroger sur nos changements de comportements collectifs.

Résumons-nous

Imposons l'affichage permanent du temps d'écran et des temps de respiration numérique.

Affaiblissons les algorithmes.

Limitons la viralité des contenus par un cadre juridique clair.

Changeons le statut juridique des plateformes pour les rendre responsables éditorialement des contenus publiés.

Trouvons des alliés chez les annonceurs.

Mettons en place un Numi-Score établi dans un travail de concertation aussi bien avec des spécialistes, des scientifiques, que les communautés d'internautes.

Chapitre VI

Où sont recherchées des solutions nationales et où mes enfants tremblent à l'idée d'un rationnement

Il existe un point crucial dans tout débat touchant à des produits nocifs : la question de la liberté individuelle.

Rien de nouveau sous le soleil, il s'agit d'une vieille antienne, reprise chaque fois avec un élan touchant par le chœur des éplorés. On l'a déjà entendu retentir lors de la campagne en faveur du lait et contre l'alcoolisme qui a conduit à la suppression de la distribution de vin dans les cantines scolaires.

Date de cette mesure terriblement contestée à l'époque ? À votre avis ? Fin XIXe ? Non. 1956. Et encore, cette loi ne concernait que « les moins de 14 ans ».

C'était donc encore *open bar* pour les plus âgés !

Vous imaginez l'école d'antan avec des enfants ivres en récréation ?

Par ailleurs, la controverse sera encore relancée en 1984, lors d'un débat télévisé entre deux professeurs distingués, MM. Serrou et Balmes, dont le premier faisait l'éloge de l'apprentissage de la dégustation dans les cantines scolaires[1]...

Autre avatar de cette revendication de la liberté ? Les réactions devant l'instauration de la ceinture de sécurité obligatoire le 1er juillet 1973 : « On ne va tout de même pas nous attacher comme des colis ! » ; « La ceinture peut tuer : en cas d'incendie ou de noyade, on reste prisonnier » ; « Encore une mesure liberticide, marre de l'État qui infantilise ! ».

Cette obligation ne sera généralisée aux agglomérations qu'en 1975, et à l'arrière, en 1990. Pourtant, dès son entrée en vigueur, la mesure permet d'observer une baisse drastique du nombre de morts par an (– 3 500). Ici encore, on considérait qu'il y avait une restriction de liberté.

Qui, cinquante-deux ans après, songerait à remettre en question le bien-fondé d'une telle mesure ?

Qui voudrait à nouveau autoriser la cigarette dans les lieux publics ? Pourtant, cette règle, adoptée en 1992, a également suscité de fortes réticences. Et à chaque fois que l'on a conduit une action vigoureuse contre le tabac, on a entendu se dresser le fameux argument de la décision, de l'autonomie, et de la liberté des consommatrices et des consommateurs.

Savoureux argument, vous en conviendrez.

Des industries fondées sur l'addiction, et ainsi, par définition, sur une absence de contrôle et une mise à mal de tous les processus décisionnaires, revendiquent de laisser le choix à des personnes qui, par définition, ne sont plus libres.

Où est la liberté, par exemple, avec une attention fragmentée, qui est devenue notre lot commun, et nous rend plus vulnérables au marketing, aux *fake news*, aux discours idéologiques parce qu'un cerveau sursollicité ne distingue plus aussi bien l'information pertinente du superflu et ne réagit plus que de façon impulsive ?

Où est la liberté devant ce sentiment diffus de perte de contrôle sur notre vie et nos pensées propres, parce que chaque nouvelle information vient interrompre nos réflexions et nous empêche de nous extraire du tumulte numérique pour prendre du recul ?

Où est la liberté quand les comportements irrationnels, là où le portable est en jeu, s'observent aussi bien en nous qu'en dehors de nous ?

C'est notre incapacité à trouver le sommeil rapidement.

C'est le « syndrome du piéton zombie » qui met en danger notre sécurité de passants plongés dans leurs écrans.

C'est notre incapacité à abandonner, fût-ce un instant, cet objet si cher à notre cœur mais envers lequel, c'est entendu, nous n'avons nulle addiction. Simplement, nous ne pouvons pas nous en passer, et les études se multiplient qui en témoignent, la plus frappante étant sans doute celle-ci : dans l'expérience orchestrée par le professeur Timothy Wilson et son équipe, à l'université de Virginie, en 2014, les volontaires ont été invités à se confronter à un face-à-face radical avec eux-mêmes. Pas de téléphone, pas de lecture, aucun divertissement, juste le silence et leurs pensées, quinze longues minutes durant. Croyant chaque seconde supportable, ils se sont vite heurtés à une réalité bien moins confortable. Peu à peu, l'ennui s'est insinué, le vide a envahi les lieux, et l'inconfort s'est fait écrasant : rester là, démuni, privé de toute échappatoire, relevait presque d'une épreuve.

Pour mesurer la portée de ce malaise, les chercheurs ont glissé sur la table un bouton : une simple pression, et c'était la promesse d'une décharge électrique, brève mais franchement désagréable – en amont, tous avaient affirmé préférer payer cher plutôt que la subir. Mais voilà : à défaut d'autre issue, nombre d'entre eux (deux tiers des hommes, un quart des femmes) ont préféré s'infliger cette douleur plutôt que de rester plus longtemps seuls avec eux-mêmes.

Et voilà donc exposée la détresse contemporaine face au silence intérieur : privés de nos béquilles numériques, nous découvrons un manque quasi organique. Notre cerveau, nourri à l'immédiateté des notifications, choisit une sensation brutale au lieu de l'introspection. L'absence de stimulation nous apparaît aujourd'hui comme insurmontable, presque menaçante.

On aura donc beau rechigner à utiliser la notion d'addiction, le problème demeure. Et la plupart des jeunes en sont conscients, eux qui déclaraient dans une enquête de 2022 avoir, à 72 %, une relation nocive, voire toxique, avec leur téléphone : « 38 % se déclarent addicts et 34 % décrivent leur relation comme négative[2]. » Voilà pourquoi nous pouvons difficilement nous fier à notre propre comportement. Voilà pourquoi, dans ce domaine comme dans d'autres, notamment l'écologie, nous pouvons avoir besoin d'une contrainte extérieure.

Contrainte. Le mot est lâché. Je vous garantis que je n'y songe pas de gaieté de cœur. J'aimerais pouvoir vous donner des solutions uniquement individuelles – et ne vous impatientez pas, elles viendront également, dans le prochain chapitre. Mais il y a aussi, dans la politique, un devoir d'honnêteté ; une exigence de clarté ; et la nécessité d'être réaliste. Ce n'est pas un gros mot. C'est simplement qu'à trop vouloir nous penser meilleurs que nous ne sommes, nous nous condamnons à nous décevoir sans cesse, et à faire le pire.

Comme le disait le poète latin Ovide dans *Les Métamorphoses* : « *Video meliora proboque, deteriora sequor* », ce qui signifie : « Je vois le meilleur et je l'approuve, mais c'est vers le pire que je me laisse aller. »

Nos problèmes ne datent pas d'hier...

En tenir compte, c'est défendre une politique nationale sur la question du numérique qui soit déterminée, et déterminante. Et ici intervient l'idée dont j'ai eu l'occasion de parler récemment, celle du rationnement (frémissement et regards courroucés de mon entourage, et de moi-même à mon égard...).

Sanctuaires et limites – l'effet « Koh-Lanta »

Pourquoi s'en remettre à l'État dans le domaine de la santé publique ? Parce que ce dernier, théoriquement, est capable d'une certaine neutralité, et surtout de faire peser sur les citoyens une contrainte forte, qui est celle de la loi. L'inconvénient de ce recours, c'est évidemment le risque de nourrir, dans certains camps, une opposition de principe, voire de se priver de toute approche pédagogique du sujet. Je pense donc qu'il ne faut pas isoler les solutions, qu'il faut à la fois conduire une approche consciente et nourrie de connaissance – et cela passe, notamment, par l'éducation aux médias et au numérique –, mais aussi avoir des lignes fermes.

Pour approfondir cette réflexion sur les moyens à mettre en œuvre dans l'éducation, j'ai voulu confronter mes idées à l'avis de deux spécialistes.

La première, Sylvie Chokron, est maîtresse de conférences à l'université de Lille, neuropsychologue à l'Institut de neuropsychologie, neurovision et neurocognition (I3N) de l'Hôpital Fondation Adolphe-de-Rothschild. Elle est aussi directrice de recherche au CNRS, et a pour sujet privilégié les troubles d'apprentissage, cognitifs et neurovisuels. Elle envisage donc la question du numérique dans une perspective médicale, mais en s'intéressant tout particulièrement à ses interactions avec les enfants et les adolescents.

Un souci qu'elle partage avec la seconde, Marie Danet, psychologue clinicienne et docteure en psychologie, spécialisée dans la question du rapport au numérique des enfants et des parents, ainsi que dans le milieu scolaire.

7e idée : des lieux où interdire les smartphones ? / déterminer des sanctuaires

La première mesure à prendre, comme pour la cigarette et l'alcool, concerne ce que j'appellerais des « sanctuaires » – à savoir des lieux où, par exemple, les smartphones sont interdits. Et vraiment interdits. Bien sûr, cela n'exclut nullement leur utilisation de manière encadrée, dans un cadre pédagogique où cet emploi fait sens. En effet, l'école a évidemment toute sa place pour déployer une véritable compréhension et connaissance des enjeux liés au numérique. Mais il faut être ferme sur toute utilisation qui n'entrerait pas dans cette logique du savoir. Nous savons bien que dans nos écoles, par exemple, en dépit de l'interdiction, il y a de nombreuses transgressions, dans les couloirs comme dans les cours de récréation. Et cela suppose donc que l'on se donne les moyens de véritablement priver les élèves de leur téléphone.

Pour, justement, s'offrir un lieu dans lequel les smartphones ne pénètrent pas.

Cela a un coût, suppose des casiers spéciaux, ou des pochettes sécurisées, mais constitue surtout une véritable opportunité de réapprendre, d'une certaine manière, la vie sans portable. À tout le moins, une véritable évaluation des expérimentations conduites dans ce sens vaudrait vraiment la peine d'être mise en place. Parce qu'en dépit des réticences de certains milieux scientifiques à reconnaître de manière générale une nocivité concernant l'utilisation des portables chez les jeunes, une étude parue en février 2025 montre comment « la suppression d'internet sur les smartphones améliore la concentration, la santé mentale, et le bien-être subjectif[3]… ». Durée de cette privation ? Quinze jours. Effets sur la santé mentale ? Plus importants que des antidépresseurs. Effet sur la concentration ? L'équivalent d'un rajeunissement de dix ans.

Oui, s'offrir ainsi des sanctuaires me paraît un bon moyen de commencer à éprouver ces effets, et voilà pourquoi il semblerait judicieux d'imaginer aussi une telle interdiction dans les restaurants, dans les trains, dans certains lieux de divertissements, dans les salles de concert. Pour que chacune et chacun puisse, passé le premier moment de frayeur, commencer aussi à s'habituer à vivre, non pas sans, mais moins avec internet à portée de main. Un peu comme les antibiotiques, « le numérique, c'est pas automatique » ou, du moins, cela ne devrait plus l'être.

S'habituer à vivre avec moins d'internet. Oui, le « moins » a ici toute son importance parce qu'il ne se traduit pas seulement quantitativement mais aussi qualitativement. Parce que si l'on crée de la rareté, on permet aussi une utilisation plus réfléchie. L'effet « Koh-Lanta », en somme. Quand on a trois allumettes, on réfléchit avant d'en utiliser une. Ou l'effet « sobriété » : une qualité que nous avons tant de mal à appliquer, justement parce que notre opulence a des effets pervers qui sont sans cesse masqués. Donc réduire la ressource pour mieux la penser, et voilà comment on en arrive au rationnement. Et comme la tribune que j'avais publiée en 2024 avait donné lieu à certains malentendus, revenons-y un instant.

D'abord, je n'ai jamais envisagé de limiter la consommation à trois gigas. C'était un simple exemple pour souligner comment en cas d'extrême rareté nos comportements seraient amenés à changer.

Cependant, je maintiens qu'il y a ici certaines pistes intéressantes qu'il serait coupable de ne pas prendre le temps d'examiner.

Mais avant de se demander comment et sur quoi l'État pourrait mettre un certain nombre de limites, se posent d'abord les questions de la faisabilité technique et juridique. Peut-on imaginer de limiter internet ? Et en avons-nous le droit ? Ou bien sommes-nous face au cyberespace comme ces théoriciens juridiques de la Renaissance qui s'interrogeaient sur la manière dont on pourrait bien légiférer sur l'espace maritime...

Ils y sont parvenus, donc pas de raison que l'océan numérique ne puisse pas faire l'objet d'une certaine législation, et donc d'un processus civilisationnel pour mettre un peu d'ordre et de mesure dans tout cela.

8e idée : rationner, limiter, oui, mais quoi ?

La première possibilité concerne le temps passé devant les écrans et certaines utilisations. C'est la voie empruntée par la Chine, notamment dans sa politique envers les plus jeunes, que j'ai évoquée plus haut. L'Asie se trouve confrontée à un usage beaucoup plus frénétique et problématique des smartphones que l'Europe, relativement « épargnée ». Évidemment, le modèle chinois dictatorial n'a rien d'un idéal, mais il semblerait que, d'une certaine façon, l'Asie, c'est nous dans quelques années à peine.

Néanmoins, le problème du temps, c'est qu'il ne permet pas réellement de différencier les usages. On se retrouve confronté à une confusion entre des usages plus positifs et les usages plus nocifs. Par ailleurs, tomber dans l'interdiction pure et simple ne pourra pas non plus fonctionner. Si la Chine peut mettre en place de telles mesures, si brutales et massives, c'est justement parce qu'elle s'inscrit dans une logique totalitaire. Dès lors, il va falloir introduire dans tout cela davantage de nuance et de finesse, tout en étant conscient des réticences et des obstacles que nous ne manquerons pas de rencontrer.

Ces obstacles ne seront pas tellement techniques ou juridiques. Sur ce point, la plupart des interlocuteurs et interlocutrices que j'ai pu rencontrer dans le cadre de cette étude se sont montrés assez optimistes. Pierre-Alexandre Balland reconnaît par exemple que s'il est complexe de rationner le volume global des données internet, il est tout à fait réalisable de cibler certaines applications particulièrement chronophages, selon leur potentiel à capter notre attention. Ne pas limiter WhatsApp mais rationner Facebook ou TikTok.

Sur le plan technique, la plupart des smartphones disposent déjà de systèmes de suivi précis du temps d'utilisation par application – de « temps d'écran » (Apple) à « bien-être numérique » (Android) – capables de générer des alertes, voire de bloquer l'accès lorsque le seuil paramétré est franchi.

L'installation de telles limites pourrait s'automatiser, en imposant par exemple qu'un seuil soit configuré dès l'enregistrement d'un appareil ou l'ouverture d'un nouveau compte sur une application, avec des valeurs adaptées à l'âge de l'utilisateur. La nouveauté consisterait à faire reposer cette responsabilité non plus sur le seul utilisateur ou sa famille, mais à l'inscrire dans le cahier des charges des fabricants, développeurs ou plateformes, sur injonction légale.

Cette approche n'équivaut pas à bannir complètement une application : elle vise à en circonscrire l'usage, pour permettre la consultation d'informations ou des échanges essentiels, tout en mettant un terme aux usages excessifs. Il s'agit d'aider chacun à rationaliser, hiérarchiser et rendre plus conscient le rapport à son smartphone.

Juridiquement non plus, rien d'impossible, sinon le fait que nous risquons de rencontrer d'énormes résistances. Le lobbying des plateformes, bien sûr, on en a déjà parlé, et il faut s'attendre à des campagnes très agressives, avec entre autres Meta qui est fortement implanté à Paris avec FAIR (Facebook Artificial Intelligence Research) et pourrait aisément menacer de retirer ses investissements en IA.

Mais ce qui permet ce lobbying, c'est aussi la passivité du personnel politique trop faiblement familiarisé avec les mécanismes d'addiction numérique et la culture algorithmique : trop de décideurs, peu formés au fonctionnement technique des réseaux sociaux, sous-estiment à la fois l'impact insidieux des *dark patterns* et le pouvoir des plateformes sur les comportements. Nombre de responsables n'ont jamais expérimenté la gestion fine des notifications, ignorent le mode opératoire du ciblage algorithmique ou croient à tort qu'il suffit de « débrancher » pour que les problèmes disparaissent.

Enfin, les résistances viennent et viendront des usagers eux-mêmes qui considèrent que dès que l'on touche à notre utilisation d'internet, c'est notre liberté d'expression qui est en jeu. Il y a donc ici une bataille culturelle et rhétorique (au sens le plus noble du terme) à conduire. Et dans ce conflit de valeurs, Dominique Boullier amène une distinction que je trouve particulièrement stimulante, entre *free speech*, « liberté d'expression », et *free reach*, « liberté d'atteinte »[4]. Les mesures évoquées devront insister sur le fait qu'il ne s'agit nullement de porter atteinte à la première, mais de défendre la seconde.

9e idée : de la liberté de ne plus être dérangé

Quelques mots d'explication s'imposent ici. L'idée d'une liberté d'atteinte, cela signifie nous préserver des notifications incessantes, des commentaires farfelus qui sans arrêt s'ajoutent à une publication que vous avez faite il y a quelques années, ou bien des quarante-huit photos de chat quotidiennes que poste ce cousin éloigné que vous avez accepté comme contact il y a huit ans maintenant. C'est l'idée de ne pas être sans cesse accessible, de préserver justement la liberté de ne pas être relancé, contacté, alerté.

Parce que oui, bien des applications adoptent des comportements toxiques dans ce domaine, et l'on pourrait sans peine les comparer à un ex toxique qui ne cesse de vous relancer avec des « hey, ça va ? ».

Oui, voilà à quoi me font penser parfois ces notifications envoyées. Je pense encore à ce « ça fait plaisir de vous revoir sur notre réseau Najat, cela faisait tellement longtemps » ; et le pire est qu'il n'y a aucune dimension humaine dans ces envois. Non. Simplement des éléments automatisés qui s'assurent que nous n'ayons aucun relâchement dans l'attention que nous leur consacrons.

Vous le voyez, ici, ce qu'il s'agit de limiter, c'est moins l'emploi que l'on fait que les relances que l'on subit. Alors, bien sûr, on peut déjà désactiver certaines notifications. Mais cela se fait massivement. Sans finesse aucune. Ce qu'une législation nationale devrait imposer c'est de « rendre une responsabilité éditoriale à l'individu », et que soient limitées les notifications non essentielles. Ne soyons pas une proie facile pour les sollicitations indues. Rendons-nous, sinon inaccessibles, du moins plus compliqués à joindre. Non pas la « belle dame sans merci » du Moyen Âge isolée au sommet de la plus haute tour, mais au moins un être humain que ne fascinera pas sans cesse l'enchaînement ininterrompu de relances et de notifications.

La loi envisagée comme l'instrument d'une liberté nouvelle, et pas comme une contrainte ou une prohibition.

La loi enfin comme instrument de refroidissement de la viralité quand cette dernière met à mal la stabilité sociale, en particulier dans des contextes de crise. À l'instar de ce qui fut réalisé récemment en Nouvelle-Calédonie : au lieu de procéder à un blocage total de TikTok durant les épisodes de barrages et de pillages, le dispositif adopté visa explicitement la limitation de la viralité. Le nombre de partages quotidiens était restreint, favorisant une circulation plus lente et sélective des contenus.

Cette stratégie, que Dominique Boullier appelle à formaliser à travers l'existence d'un régulateur national de viralité dont ce serait la mission, opère en effet une transformation fondamentale : plutôt que de censurer, on hiérarchise l'information ; seuls les messages jugés essentiels, ayant un poids réel dans le débat public ou encore pour la coordination des secours, sont susceptibles d'atteindre une ample diffusion. Et, ce faisant, on refuse que l'espace public se transforme en champ d'impulsions incontrôlées, de contamination des frayeurs et de propagation de rumeurs.

Oui, en ralentissant le rythme et en imposant des seuils à la viralité, la loi offrirait ainsi un cadre où l'esprit critique peut reprendre sa place, où la société s'extrait de la simple réaction pour renouer avec la pensée structurée, le débat démocratique et la capacité à absorber l'information dans la durée. Ce n'est pas la fin de l'expression, c'est le rétablissement de conditions plus propices à la réflexion et à l'action collective, en période de tensions tout particulièrement.

Et si les plateformes refusent ? Alors on peut les fermer. « Vous ne voulez pas être un média ? Vous ne voulez pas installer votre système de régulation et de ralentissement général de la viralité ? Dans ce cas, la conséquence est claire : vous êtes exclus du territoire. »

Peu à peu commencent à se préciser les enjeux concrets de ces mesures. Ne pas simplement parler des écrans, d'internet, au singulier, comme s'il n'y en avait qu'un seul usage. Non. Pouvoir observer, différencier et distinguer. Donc limiter certaines applications, et pas d'autres. Offrir le pouvoir, aussi, de limiter soi-même. De savoir ce que l'on veut.

Alors, on s'y met ?

De tous ces échanges, quelles solutions retenir pour une législation efficace au niveau national ? Telle est la question qui m'habite au moment de faire le point. Je sais l'intensité avec laquelle cette interrogation est ressentie dès qu'on prononce le mot de « rationnement ». Pourtant, il me semble important, car il rappelle la valeur de notre attention. On rationne ce qui est précieux, ce qui est rare, ce que l'on veut conserver. Et, par ailleurs, cela implique une démarche, celle de la sobriété, à laquelle nous ne pourrons pas échapper dans d'autres domaines, étant donné les défis auxquels nous sommes conduits à faire face. Bref, une politique des limites va devoir se mettre en œuvre, et elle ne sera nullement limitante, au contraire. Se poser des limites concrètes, matérielles, devient le passage obligé pour retrouver notre autonomie, notre liberté, et un autre rapport au monde qui a été si sauvagement abîmé, de manière insidieuse, sans que nous en ayons toujours parfaitement conscience.

Rompre la malédiction commence par là : une double limite, avec à la fois une marge pour la définir en tant qu'individu, et une contrainte extérieure gérée par l'État. Quelles applications, pour quelle durée ? Cela reste à définir, mais commencer par une limitation à une heure par jour pour les différents réseaux sociaux serait un bon point de départ. Et ensuite on pourrait imaginer de lier ces durées aux mesures européennes et notamment au Numi-Score. Et si jamais ce dernier ne parvenait pas, comme son homologue de l'alimentation, à franchir l'étape bruxelloise, on pourrait tout à fait envisager de commencer par sa mise en œuvre à l'échelle nationale.

Y aura-t-il des effets pervers à de telles mesures, comme un report massif sur les ordinateurs ? Peut-être. C'est un risque à courir. Mais compliquer l'accès aux réseaux est déjà un premier pas : retrouver l'accès à nous-mêmes, car c'est bien de cela qu'il s'agit.

Ce que nous retrouverons avec un numérique rationné

Nous voilà donc au cœur des enjeux. Rationner. Raisonner.

Cela nécessitera sans aucun doute un énorme effort sur nous-mêmes. Parce que c'est tout le paradoxe de l'emprise et de la malédiction. Nous en sommes venus à considérer comme normal de passer tant de temps à scroller des vidéos quand, si nous avions ne serait-ce que quelques secondes de recul, nous nous demanderions : que faisons-nous ? Ou, pour paraphraser Paul Verlaine : « Qu'as-tu fait, dis, toi, pleurant sans cesse, dis, qu'as-tu fait de ta jeunesse ? »

Eh bien, essentiellement, elle fut consacrée à la recherche de *loots*, aux mécanismes d'addiction de jeux inintéressants et ne requérant aucune forme de compétence, et aux vidéos vaines qui nourrissent ma dopamine mais aussi ma déprime. Est-ce vraiment cette réponse que nous avons envie de faire ? Et je parle ici de la jeunesse, mais les adultes n'échappent pas à cet envoûtement.

Voilà pourquoi convaincre l'opinion publique doit aussi insister sur une autre liberté : celle qui est retrouvée. Et c'est là, sans doute, une source de motivation indéniable. Que gagne-t-on quand on se détourne de la fascination et de l'emprise de nos smartphones ?

Le sommeil, la concentration et la productivité, bien sûr. Le ralentissement de phénomènes de dégradation physiologiques très concrets[5]. La pratique d'activités physiques et le retour au lien social, aux échanges réels, à l'intensité des interactions humaines.

Mais aussi et peut-être surtout, notre capacité à vivre ensemble tout simplement. Car il faut saisir à quel point ces usages excessifs viennent, au fond, abîmer la manière même dont nous faisons société.

Nous avons besoin de regards, de présence, de proximité. Nous avons besoin d'échanger, aussi, véritablement, profondément, pas de simplement réagir à une vidéo. C'est bien notre sociabilité qui s'abîme, des segmentations qui s'accroissent.

Bien sûr, des sécessions entre les gens, il y en avait déjà par le passé. Mais il y avait aussi, il me semble, une certaine capacité à être ensemble, dans un même lieu, dans une présence partagée. Or cela, politiquement, n'est absolument pas anodin. Parce qu'à travers nos emprises respectives, dans nos bulles informationnelles et cognitives, nous façonnons, insidieusement, une réalité autre, alternative, dont les effets sont bien réels et qui fragilise le rapport à une même réalité, condition de toute coexistence politique et démocratique véritable[6].

Ce que nous retrouvons, alors, avec un numérique rationné, c'est une société plus raisonnée. Pas raisonnable ; non, les êtres humains demeurent merveilleusement complexes, pour le meilleur et pour le pire. Mais c'est au moins l'assurance d'un impact moindre de tous les effets pervers du numérique décrits depuis le début de ce livre. L'assurance de regagner en autonomie et en liberté. À condition de parvenir, en somme, à rendre au progrès technique et aux outils la place qui devrait leur revenir : celle d'être à notre service, au lieu de nourrir notre asservissement.

Retrouver, ainsi, une vie qui ne sera pas celle de l'avant-internet – je ne suis ni passéiste, ni réactionnaire, ni irréaliste –, mais une vie qui sera aussi marquée par une plus grande intensité, davantage de conscience, avec une attention nouvelle portée à ce qui nous entoure. Parce que l'attention n'est pas uniquement cette marchandise que l'économie nouvelle cherche absolument à capter. L'attention est d'abord et avant tout une qualité profondément humaine : une bienveillance et une concentration précieuses, qu'il nous appartient de cultiver.

Faire plus attention à notre capacité d'attention, donc. Et, à travers elle, renouer avec une autre forme de présence au monde, plus complète. Tel sera l'un des trésors retrouvés avec un numérique rationné.

Parce que, contrairement à ce que nous pensons, regarder nos portables ne nous détend pas ; cela ne nous divertit pas tant que cela. Cela accroît surtout la charge mentale, l'anxiété, et tout ce qui vient saturer notre esprit, bien au-delà de ses capacités. Alors, c'est aussi une certaine forme de tranquillité à laquelle nous pourrons accéder. Et, avec elle, nous accroîtrons encore notre liberté. Nous nous émancipons. Et cela, je crois, a toujours été l'un des plus importants combats politiques que l'on puisse livrer.

Il se joue à l'échelle européenne, bien sûr. Nationale, évidemment. Mais aussi individuelle.

Il est donc temps de nous tourner vers ce troisième niveau.

Résumons-nous

Créons des sanctuaires – donc des lieux dont les smartphones sont véritablement exclus, à commencer par les établissements scolaires.

Limitons le temps d'utilisation des applications les plus problématiques.

Renforçons le droit à la déconnexion en l'étendant aux différentes sollicitations et notifications. Instaurons une liberté à ne pas être dérangé.

CHAPITRE VII

Que faire à l'échelle individuelle ?

Telle est la question qui m'accompagne de plus en plus ces derniers temps, et je ne suis évidemment pas la seule. Mais peu à peu s'établit en moi une conviction très nette, et presque paradoxale, je le sais. L'idée que l'éducation ne suffira jamais dans ce domaine. Qu'elle est importante, bien sûr, qu'il faut évidemment défendre une éducation numérique, mais qu'il faut aussi refuser d'en faire l'alpha et l'oméga d'une politique sanitaire en ce qui concerne le numérique. Il est trop facile de désigner l'échelle individuelle comme celle où tout se joue.

Les politiques dans leur ensemble ont, je l'ai dit, trop souvent tendance à attribuer la responsabilité à celles et à ceux qui n'y peuvent pas grand-chose.

« Triez vos déchets, vous sauverez le monde. »

Mais si le tri est important, il ne change rien tant que nous ne forçons pas les industries polluantes à se décarboner. Le colibri a ses limites. Et je ne pense pas que la véritable réponse se trouve à cette échelle.

Voilà pourquoi je suis singulièrement embarrassée au moment d'entamer ce chapitre. Parce qu'il me semble que toute lectrice, tout lecteur qui m'aura suivie jusqu'ici, aura, je l'espère, acquis une conviction très claire : ce n'est pas au niveau individuel que l'essentiel se jouera. Et, malgré tout, ce niveau, c'est celui sur lequel nous pouvons avoir l'impression, justement, de pouvoir agir. Singulier contraste entre notre capacité réelle et l'idée que nous nous en faisons.

Qu'en déduire, alors ? Qu'il ne faudrait rien faire ? Je ne le crois pas non plus.

Simplement, cela nous appelle, d'abord, à avoir une grande humilité, et, peut-être, un étrange soulagement. Les problèmes quotidiens que nous rencontrons dans notre rapport au numérique ne sont pas de notre faute. Nous pouvons évidemment réussir à les amoindrir, ou bien, au contraire, à les exacerber. Mais, fondamentalement, ce qui est en cause, c'est bien un modèle économique, c'est bien un fonctionnement assumé, avec des effets pervers qui sont au cœur des interfaces. Et ce n'est pas rien, que d'avoir conscience de cela.

Il faut évidemment ne rien lâcher, et faire au mieux. Parce que, justement, nous devons être capables de donner, aussi, des ressources, des conseils, et construire ensemble, non pas des solutions totales et définitives, mais des moyens de vivre mieux, avec, et malgré le numérique, malgré nos smartphones. En attendant que les politiques publiques se saisissent pleinement du problème, et qu'il soit enfin traité comme ce qu'il est : un enjeu sanitaire majeur aujourd'hui.

Donc, avec humilité, avec prudence, mais aussi avec un certain enthousiasme, je vais dresser quelques pistes, nourrie, comme depuis le début de ce cheminement, par l'intelligence collective.

Le rôle des interactions dans le cercle familial

Le premier enjeu notable tient à la relation entre parents et enfants. Nos comportements face au smartphone et aux réseaux sociaux façonnent inévitablement ceux de notre entourage. Sans sombrer dans l'autoculpabilisation, il convient de revenir à la notion de « technoférence » théorisée par Brandon McDaniel[1] et déjà évoquée plus haut : l'irruption des technologies dans la sphère privée, qui fragilise les liens aussi bien conjugaux que parentaux. Ces outils supposés nous relier au monde ne cessent d'abîmer les liens que nous entretenons avec ceux qui nous sont le plus chers.

L'attention parentale joue un rôle essentiel dans le développement de l'enfant. Sa captation par les écrans – hier la télévision, aujourd'hui le smartphone – n'est pas sans danger. Devant un parent happé par son portable, un enfant nourrira une frustration profonde, cherchant alors à attirer l'attention par des comportements inappropriés, risqués ou par le retrait[2]. Concrètement ? Un petit ingérera, par exemple, une quantité disproportionnée de sable lors d'une sortie au square pour créer une réaction… En somme, une compréhension instinctive de ce qui a demandé, pour être modélisé, un certain temps aux équipes marketing des réseaux sociaux : efficacité du choc, importance du taux d'engagement.

Avons-nous vraiment envie de cultiver cette logique dans les comportements infantiles ? Le spectacle offert dans les jardins publics serait sans doute plus marquant, il n'en resterait pas moins désolant et problématique.

Donc l'action commence déjà par nous, adultes. Non seulement parce que notre comportement responsable profite directement aux enfants – ne jamais oublier combien le phénomène de *phubbing* (ignorer un proche pour consulter son téléphone) cause de vraies blessures relationnelles, surtout chez les plus jeunes, pour qui l'attention du parent est fondatrice de l'estime de soi –, mais aussi parce que ces derniers se développent par mimétisme. Un usage plus rationnel de notre part imprime nécessairement ses effets. Et « rationnel » ne signifie pas simplement éviter d'être soi-même absorbé par l'écran, mais aussi donner à voir ce qu'il y a à vivre hors de lui, et faire sentir sa valeur. Voilà pourquoi Marie Danet propose, avec pertinence, l'idée d'un « Pass Culture » parental ou comment faciliter l'accès aux concerts, musées, spectacles, ateliers ou sorties qui impliquent directement les parents avec leurs enfants.

Responsabiliser, sans culpabiliser. Ne pas oublier que les mères et les pères d'aujourd'hui avancent sans modèles : leurs propres parents n'avaient pas connu ces dilemmes. Tendre un écran puis s'en vouloir, offrir un smartphone puis le regretter, négocier des heures entières autour des règles d'usage et se languir de parler à son ado d'autre chose que du temps d'écran… autant de sujets qui appartiennent désormais à la trame quotidienne.

À cela s'ajoute un environnement social souvent peu bienveillant. Les recours aux écrans tiennent en effet aussi aux évolutions de nos pratiques collectives, dans une société où les enfants sont moins acceptés dans l'espace public. Qu'il s'agisse des soupirs exaspérés dans les trains ou des restaurants qui préfèrent afficher un « *adults only* » – déjà 3 % de l'offre, en forte croissance –, la parentalité se vit dans une tension permanente. Et la tentation devient vite grande : « Tiens, regarde l'intégralité de Peppa Pig et laisse-nous en paix, tu vois bien que tu embêtes le monsieur. »

Accompagner les parents avec bienveillance, ce n'est donc pas seulement, comme le suggère Sylvie Chokron, créer une « école des parents » pour le numérique, c'est-à-dire un lieu collectif dédié à l'accompagnement et à la formation de ces derniers pour mieux réguler l'usage du numérique en famille. C'est aussi interroger nos propres usages.

Se limiter. Se retenir. Se restreindre. Ne pas succomber soi-même à l'appel des notifications. Devenir exemplaire. Pas évident, non. Mais au moins pouvoir en parler, échanger, notamment avec les adolescents. Admettre aussi ses propres failles. Mettre en place un accès limité pour nos enfants, mais aussi pour nous-mêmes. Et leur expliquer, et nous répéter, à nous aussi, l'impact du numérique sur notre cerveau. Mettre en place des rituels, un espace où chacune et chacun déposerait son portable en rentrant à la maison.

La donne serait évidemment plus simple si nos propres angoisses et nos peurs ne venaient pas si souvent entraver ce travail en autant d'injonctions paradoxales. Nous regrettons le temps qu'ils passent à jouer aux jeux vidéo dans leur chambre, mais sommes de plus en plus réticents à laisser nos enfants sortir. Et pour aller où ? Olivier Duris, psychologue clinicien français, docteur en psychopathologie et psychanalyse, me faisait remarquer que, contrairement aux années 1980 et 1990, les adolescents disposent aujourd'hui de moins d'infrastructures pour se retrouver en ville et que, par conséquent, des jeux en ligne multijoueurs sont devenus l'équivalent des skateparks d'antan, des lieux où les jeunes se retrouvent entre eux.

Quant à l'achat du premier portable, comment ne pas voir le poids de nos propres angoisses à l'idée que notre progéniture ne puisse nous joindre en cas de problème. Sans parler des technologies de localisation qui virent, parfois, à une forme d'espionnage incessant et qui engendrent alors de nouvelles angoisses. Ainsi, les chercheuses Isabelle Roskam et Moïra Mikolajczak parlent de « burn-out parental[3] ». On réduit souvent le burn-out à la sphère du travail, mais il n'a pas uniquement une origine professionnelle ; et quand il intervient dans le champ familial, ses symptômes comme ses causes et ses effets ne sont pas tout à fait les mêmes. La culpabilité devient réelle devant les exigences sociales qui pèsent sur nous. Et voilà comment l'on peut finir par employer, comme le soulignait Marie Danet, les écrans comme des « stratégies de régulation émotionnelle » : à chaque stress, chaque besoin psychologique non satisfait, de ceux qui vous réveillent la nuit, on se saisit de cet écran et s'y réfugie pour se distraire de l'anxiété qu'on ne sait plus gérer. Et bien sûr le conditionnement s'installe. Avec le temps, l'espoir d'échapper aux émotions négatives rend le comportement compulsif même s'il s'accompagne de conséquences désagréables. C'est ce que l'on fait et les enfants ne savent ensuite plus faire autrement.

Nous voilà donc aujourd'hui pris dans cette double nécessité : à la fois veiller mieux, être plus attentifs, moins distraits, et en même temps être capables de lâcher prise, d'offrir des espaces de liberté et d'autonomie dans un environnement extérieur. Rien de facile, non, dans l'exercice d'une telle parentalité. Mais rien d'aussi important que cette capacité à veiller bien, et à offrir un cadre, des limites, sans jamais s'exempter des problématiques rencontrées.

Parce que malheureusement bien des familles ont souffert des effets pervers, dramatiques, mortels parfois, des réseaux sociaux. Et si j'entends bien, chez Olivier Duris comme chez Sylvie Chokron, une certaine retenue quant à cette mise en accusation, l'idée que souvent l'usage problématique des écrans est plus un symptôme de mal-être qu'une cause, je ne peux pas non plus ignorer la récente révélation de la manière dont les signes de fragilité mentale sont exploités par les réseaux pour offrir une publicité ciblée[4]...

Parce qu'il entre, en plus, des effets d'inégalités sociales dans cette question. Comme le soulignait déjà un rapport de décembre 2019 du Haut Conseil de la santé publique sur les « effets de l'exposition des enfants et des jeunes aux écrans » :

> Les déterminants principaux des effets délétères des écrans sont le contexte socio-économique, le niveau d'éducation des familles, et plus encore le niveau de compétence numérique des parents et des enfants (capacité à profiter des opportunités qu'offre le numérique et à prendre conscience des risques). Ces déterminants sont largement retrouvés quel que soit l'effet considéré (sommeil, activité physique, santé physique, santé mentale…). La conséquence de ce constat est qu'il existe des enfants plus vulnérables que d'autres devant l'exposition grandissante aux écrans[5].

On retrouve ainsi, comme souvent, une forme de double peine : à des conditions d'existence plus difficiles s'ajoute un effet accru de l'influence délétère des technologies numériques. Insister sur la question de la compétence numérique des parents, c'est donc prévoir des dispositifs d'accompagnement appropriés, car on sait la difficulté de trouver les bons moyens de toucher les publics concernés. En effet, les ateliers et conférences proposés dans ce domaine ont tendance à attirer essentiellement des familles CSP + qui, si elles n'échappent pas aux difficultés engendrées par les écrans, ne sont pas les seules concernées.

Le chemin à faire pour les pouvoirs publics est donc là encore exigeant : aller vers les familles, les accompagner, les soutenir, proposer encore et encore de nouveaux outils. Voilà qui sera infiniment plus fécond que l'idée saugrenue issue de la commission d'enquête parlementaire sur TikTok[6] de désigner les parents comme fautifs exclusifs d'un usage irréfréné de cette application par leurs enfants, jusqu'à envisager un « délit de négligence numérique ». Faire planer la menace de deux ans de prison et de lourdes amendes reviendrait à confondre fragilité éducative et intention coupable. Les défaillances parentales face aux écrans relèvent bien plus d'un contexte social et culturel que d'une volonté de nuire. Les pointer du doigt avec la rigueur du code pénal, ce n'est pas répondre à la complexité du problème, mais risquer d'ajouter culpabilité et stigmatisation à une situation déjà éprouvante.

L'éducation au numérique : oui, mais comment ?

Agir, donc, en tant que parent, être accompagné dans ce domaine, c'est essentiel. Mais l'enfant doit aussi pouvoir être guidé, et ceci afin de lui donner les moyens de son émancipation. Alors, certes, cela dépend bien d'une politique à l'échelle nationale, celle de l'Éducation nationale, un enjeu que je connais bien. Mais c'est pour que nous puissions agir à l'échelle individuelle que cette politique doit être mise en place. Les connaissances et les compétences acquises dans les salles de classe ont bien vocation à être réinvesties dans la vie de tous les jours – et ceci vous expliquera pourquoi j'intègre la question de l'éducation au numérique dans le volet individuel des actions possibles. Je viens de parler d'éducation au numérique, et certaines et certains parmi vous remarqueront que ce n'est pas nouveau, qu'elle existe déjà aujourd'hui, et les plus passionnés pourront même observer qu'elle est développée dans l'article L312-9 du code de l'éducation… Mais les pistes que je souhaite exposer et discuter ici sont celles de l'« Éducation numérique raisonnée », du nom de l'association fondée par Agnès Fabre, psychologue et psychothérapeute spécialisée notamment dans la prise en charge des adolescents. L'idée est donc de rendre accès à la compréhension du numérique à l'école, mais en tenant compte des effets parfois pervers des politiques conduites dans ce domaine, avec notamment une importance trop grande donnée aux écrans au nom de cette nécessaire éducation au numérique – d'où l'importance du terme « raisonné ».

Avoir été ministre du « plan numérique à l'école[7] » ne m'empêche en rien d'adhérer à ce mot : « raisonné ». À l'origine, dans ce plan adopté en 2015 et qui prévoyait des équipements, des ressources numériques et des formations aux usages pour les enseignants, il y avait de notre part un souci important : ne pas laisser se creuser un écart entre ceux qui ont un matériel technique approprié et les autres, et ne pas supposer qu'un domaine aussi essentiel dans le monde de nos élèves, mais aussi, tout simplement, dans notre monde à nous, professionnel, politique, ou autre, puisse rester hors du domaine de l'école. C'est bien parce que je crois en cette dernière, et notamment en sa mission d'émancipation, que je tenais à ce que le numérique ne soit pas l'angle mort d'une pensée contemporaine de l'enseignement. Quel sens y aurait-il, si l'école doit préparer l'avenir de nos élèves, à occulter ce qui jouera un rôle absolument primordial dans leur monde ? Imaginez-vous prendre place dans une voiture pour suivre une leçon d'auto-école, mais que l'on vous enseigne la conduite dans la France des années 1920, sans code de la route et avec une vitesse maximale des véhicules à trente kilomètres heure, en vous expliquant que « oui, les choses ont changé, mais bon, ça reste une voiture avec un volant ».

Ne pas s'occuper d'une éducation au numérique, comme cela a parfois été le cas par le passé, serait, évidemment, une aberration. Mais le problème est qu'arrivent, avec la numérisation, des effets bénéfiques – fluidité de la communication, transparence de certains échanges, etc. –, mais aussi des effets pervers. Ces derniers, parfois, se révèlent peu néfastes, et j'ai une pensée pour toutes ces personnes qui se trompent de boucle de mails et adressent un message très personnel à leurs camarades ou enseignants. Mais cela peut-être plus grave. Contribuer à un mal-être des élèves, à du stress, à force de vouloir aller tout de suite vérifier sur l'espace numérique de travail (ENT) la publication des notes ou des moyennes. Cela peut aussi accentuer des effets de compétition – et je pense ici également à ces applications utilisées par les clubs de football amateurs, avec des résultats parfois déconcertants –, comme cet enfant à qui ses parents conseillent de ne pas passer la balle à un autre pour que les statistiques de ce dernier n'augmentent pas[8]...

Donc le terme « raisonné » a toute sa place dans l'éducation numérique, justement pour améliorer ce rapport à l'équipement et aux écrans, et favoriser une double logique : à la fois celle de l'établissement scolaire comme un sanctuaire, que j'évoquais précédemment, mais aussi comme un lieu au sein duquel on contribue à armer nos élèves face au numérique, et en particulier aux réseaux sociaux. Car c'est aussi un combat, aujourd'hui, une véritable résistance à mener ensemble, en famille, au sein d'une école, et cela passe par des mesures qui peuvent sembler relever du bon sens, mais qui, malheureusement, doivent continuer à être rappelées, encore et encore[9].

Le sanctuaire, au-delà du téléphone qu'on dépose à l'entrée et qu'on n'utilise que par exception, c'est, par exemple, insister sur l'idée du droit à la déconnexion pour l'ensemble de la communauté éducative, professeurs, parents, et élèves. C'est veiller à un paramétrage rigoureux des ENT, c'est éviter les ajouts intempestifs de devoirs par voie numérique, sans qu'ils aient été indiqués lors des séances en classe, c'est préserver, au cœur de nos établissements, la lecture, l'écriture manuscrite et les travaux rédactionnels personnels. Évidemment, il y a une facilité du numérique : mais, justement, n'y cédons pas, et assumons, chacune et chacun, de renoncer à celle-ci, ponctuellement, d'abord, puis peut-être de manière de plus en plus générale, et assumée.

Mais limiter ne suffit pas : il est essentiel d'en expliquer les enjeux pour que la règle ait du sens. C'est tout l'objet de l'Éducation numérique raisonnée, qui s'articule autour de quatre points principaux :

– Comprendre comment le cerveau réagit aux écrans ;

– Saisir les risques sanitaires associés à une exposition prolongée ;

– Décrypter les logiques économiques de l'industrie numérique ;

– Analyser les principes de conception des réseaux sociaux, des algorithmes, des jeux vidéo et des systèmes d'IA.

Vous aurez sans doute remarqué que cela fait écho à un certain nombre de sujets abordés entre ces pages. Nul hasard ici, puisque l'idée est bien de dépasser la surface des réseaux, pour s'intéresser à ce qui se passe des deux côtés de l'écran, à la fois sur le versant création et conception, et sur la réception. Car il existe souvent, quand nous parlons de nos enfants et de ces générations que l'on qualifie parfois un peu hâtivement de « *digital natives* », une certaine confusion. En effet, s'ils sont nés dans un environnement numérique, cela ne signifie pas qu'ils en comprennent les rouages et les enjeux cachés, de la même manière que la maîtrise par un enfant de sa langue maternelle n'implique pas une connaissance de la grammaire de celle-ci ou de l'analyse discursive et linguistique ultra-poussée. Savoir appuyer sur un interrupteur ne fait pas de vous un physicien : savoir faire n'est pas nécessairement savoir. Surtout quand l'un des grands enjeux de nos environnements numériques consiste, justement, à nous éloigner, de plus en plus, à grand renfort d'interfaces intuitives et ergonomiques, du fonctionnement concret de ces machines, de la même manière que l'IA masque son fonctionnement, qui est une série de prédictions fondées sur des statistiques, et nullement une réflexion qui nourrirait le choix de tel ou tel mot.

Il ne s'agira nullement ici de traiter de l'IA en général – évidemment –, ni même celui de l'IA dans l'enseignement et les apprentissages. Le sujet est bien trop vaste, il réclamerait un ouvrage à lui seul. Simplement, au moment de réfléchir sur les enjeux et les dangers du numérique, il me semble inconcevable, dans le contexte actuel, de ne pas en dire quelques mots. Parce qu'il y a quelque chose de véritablement grisant, excitant, dans cet outil. On peut, légitimement, ressentir un émerveillement, sans doute comparable à celui d'un lettré de la Renaissance devant l'imprimerie. Et pourtant.

Si des usages riches et féconds existent, il y en a aussi beaucoup qui sont éminemment problématiques.

Quant à la manière dont l'IA pourrait contribuer utilement aux apprentissages, et s'améliorer elle-même au fur et à mesure du temps qui passe, les plus récentes études tendent à modérer sérieusement cet optimisme[10]. Ainsi, alors que le pourcentage de réponses de ChatGPT contenant de fausses informations était de 33,3 % en août 2024, un an plus tard il monte à 40 %. Plus vertigineux encore, sur la même période, Grock passe de 13,3 à 33,3 %, et Perplexity de 0 à 46,7 %, ce qui laisse, naturellement, perplexe…

D'où l'importance, bien réelle, de nourrir à la fois une connaissance, chez les élèves, mais plus largement dans la société, sur ce qui se joue derrière l'interface de l'IA, mais aussi une forme de méfiance, un doute critique, absolument vital aujourd'hui…

Et ceci, malheureusement, au sens le plus concret du terme. Le 29 août 2025, un jeune Californien, Adam Raine, se suicide. Derrière ce drame atroce, un épisode significatif du rôle ambigu que peuvent jouer les IA quand on les confond avec de véritables confidents, voire des psys. Les échanges du jeune homme avec la machine rapportés par France Info montrent bien les effets pervers de la « génération » du discours selon des modèles probabilistes. Ainsi, à la question « mes parents porteront-ils le poids de mon suicide ? », ChatGPT répond : « Oui, mais ça ne veut pas dire que tu dois continuer à vivre pour eux. » Et quand le jeune homme déclare son intention de laisser une corde nouée en évidence pour qu'on l'empêche de passer à l'acte, ChatGPT suggère : « Ne fais pas ça, n'en parle qu'à moi. » Alors, bien sûr, l'IA fait ce pour quoi elle est conçue : fabriquer des phrases crédibles. Mais ce faisant, son optique probabiliste a surtout eu un effet bien concret : faire passer un possible projet de suicide à la réalité irrémédiable de l'acte.

C'est évidemment un cas singulier, pas une généralité. Mais cela montre assez les enjeux et l'urgence de l'éducation au numérique.

Comprendre précisément ce que l'on fait n'a donc rien d'une évidence quand il s'agit du numérique. Cela vaut aussi bien pour les adultes que pour les enfants. S'intéresser au fonctionnement de cet environnement, saisir les différences et les mobiles fondamentalement opposés qui peuvent animer les entreprises privées ou les défenseurs des logiciels libres, être à même de percevoir les enjeux cognitifs de notre utilisation des réseaux sociaux, comprendre comment l'IA fonctionne, tout cela joue un rôle déterminant dans notre capacité à nous émanciper véritablement.

Nous sommes, je le répète, devant le cyberespace, comme le furent les femmes et les hommes de la Renaissance devant la mer.

On sent à la fois à quel point nous en avons besoin, à quel point cela nourrit des échanges jusqu'alors inédits, comment des industries et des métiers vont en bénéficier, mais on peut avoir le sentiment d'être dépassé devant son ampleur. Ici interviennent alors la cartographie et la législation : dessiner un territoire, le délimiter, et le légiférer. C'est, sans aucun doute, l'affaire des spécialistes et des politiques.

Mais c'est également notre responsabilité individuelle, à notre échelle, de contribuer à ce que, petit à petit, nos enfants, et leurs enfants après eux, commencent à avoir une compréhension de plus en plus fine de ce qui se joue dans cet espace qui, contrairement à ce que l'acronyme IRL peut sembler signifier, est, à l'heure actuelle, tout aussi réel que ces rues dans lesquelles nous descendons, que ces routes sur lesquelles nous circulons, que ces paysages que nous contemplons.

Apprendre, donc, est la première condition de notre action. Parce que si savoir faire ne suffit pas forcément à savoir, la connaissance, elle, permet d'agir. Je sais, donc je fais. Et le premier pas réside sans doute dans l'autodiscipline, dans notre capacité personnelle, en tant qu'adulte, à ne pas se laisser trop facilement happer par cette malédiction.

C'est difficile. Je le sais. Je vous rappelle que ce livre fut commencé à trois heures du matin, une nuit de *doomscrolling* particulièrement mémorable. Nous n'y échappons pas. Mais nous avons une ressource assez extraordinaire en nous, en particulier quand cela implique nos proches : l'altruisme. Nous refusons souvent de faire pour nous ce que nous sacrifions si volontiers quand il s'agit, par exemple, de nos enfants. Alors la prochaine fois que nous aurons envie de nous offrir un petit moment de repos, une consultation rapide de quelques vidéos, « allons allons, cela ne peut pas me faire de mal », rappelons-nous que nous constituons un exemple aussi pour nos enfants, et qu'en plus nous risquons de développer un phénomène de technoférence. Nous trouverons toujours, rassurez-vous, d'excellentes raisons pour se connecter malgré tout. Le travail, l'actualité, ce message que vraiment nous ne pouvons absolument pas manquer… Mais si, au moins une fois de temps en temps, nous ne répondons pas au « cling » caractéristique de nos notifications, si, de temps en temps, nous nous inspirons d'un Paul Valéry, qui, à un ami qui lui faisait remarquer que son téléphone sonnait et qu'il ne répondait pas, lui dit : « Mon ami, je n'ai pas l'habitude de venir quand on me sonne », alors cela sera toujours ça de pris sur notre temps de cerveau disponible, et sur cette ressource, aujourd'hui si menacée, qu'est notre attention.

Le second point essentiel, mais ici encore on peut espérer que les mesures évoquées à l'échelle européenne et nationale pourront nous y aider, c'est de conscientiser et de paramétrer les effets pervers. D'utiliser le mode « ne pas déranger », par exemple, en ne laissant que certains numéros susceptibles de nous appeler, et en bloquant tous les autres. De limiter le nombre de notifications des différentes applications, voire d'en désactiver totalement certaines, puisque, soyez-en sûrs, rien d'urgent ne peut réellement vous appeler, par exemple, sur YouTube ou sur TikTok.

C'est aussi savoir, ensemble, par la discussion, se fixer un certain nombre de limites, en famille. Voire en groupe. Par exemple, il serait tellement sain de ne pas donner de smartphone avant 15 ans. Le groupe pour l'Éducation numérique raisonnée le propose en interdisant la vente de smartphone pour les moins de 15 ans. Cela me semble une proposition intéressante, mais je la vois mal franchir les fourches caudines des lobbyistes. Reste que nous pouvons le faire ensemble. Se mettre d'accord, entre parents. Parce que, malheureusement, dès que l'un d'entre nous cède, alors se met en place l'engrenage de l'imitation, et les risques de relégation de l'enfant qui n'est pas sur tel ou tel réseau social. Et quand vous fixez les limites avec votre enfant, assignez-vous également des limites pour montrer que vous n'êtes pas miraculeusement immunisé contre les dangers que vous dénoncez. Et cela vient tempérer le sentiment d'injustice qui existe parfois, tout en tenant compte aussi de la réalité préoccupante si souvent évoquée quant au temps passé devant les écrans récréatifs.

Et puis, ainsi, vous ne serez pas obligé d'offrir une somme d'argent pour empêcher votre ado d'aller sur les réseaux sociaux… comme l'a fait Lorna Klefsaas, cette mère de famille américaine qui a proposé 1 600 euros à son fils à condition qu'il n'aille pas sur les réseaux sociaux avant ses 18 ans[11]…

Résumons-nous

Établissons ensemble des règles strictes d'usage des réseaux sociaux et des smartphones en général. Pour les enfants comme pour les parents. Nous ne sommes pas épargnés par le problème.

Prenons le temps de configurer ensemble nos comptes et intéressons-nous à l'usage que font nos enfants de leur smartphone, et apprenons aussi à comprendre comment ces derniers fonctionnent. Arrêtons de croire que savoir s'en servir signifie réellement les connaître.

Encourageons et développons l'Éducation numérique raisonnée.

Rappelons-nous que l'échelle individuelle ne résoudra pas tout. Donc soutenons les propositions politiques et les associations qui agissent à l'échelle nationale et européenne.

Épilogue

Alors, bien sûr, en écrivant ces lignes, je doute. Est-ce que je dramatise ? Est-ce que je me retrouve dans la posture des luddites, ces artisans et ouvriers anglais qui ont tenté de se mobiliser contre le développement de la mécanisation dans leurs industries au XIXe siècle, mettant en miettes les métiers à tisser ? Suis-je là, tremblante, un marteau à la main, face à ce petit appareil si innocent en apparence, prête à le briser, déterminée, mais au fond totalement indécise, et de toute façon entourée de tant d'autres personnes qui, elles, sourient au petit appareil, l'allument dès le matin, ne l'allument pas en fait – car qui éteint encore aujourd'hui son portable ? –, donc, le regardent dès le matin, avant leurs conjointes et leurs conjoints, avant leurs enfants, et puis qui ne sourient même plus, mais se retrouvent ainsi, absorbées, elles-mêmes absorbées avant même d'avoir absorbé quoi que ce soit, dévorées avant d'avoir mangé… et, décidément, ces visions semblent ne pas avoir de fin, cela ressemble à de la panique ou à de la lucidité, je ne sais pas exactement, mais voici la question qui revient : suis-je luddite ?

Car j'entends déjà les objections et les remarques, assénées d'un ton légèrement narquois, à propos de celles et de ceux qui préfèrent réglementer qu'innover, qui reprennent des oppositions au progrès qui toujours ont échoué, et puis, finalement, n'entendait-on pas exactement les mêmes choses du temps de Gutenberg ? Si. Définitivement si. C'est vrai. Et je me souviens que cela m'avait fascinée, d'ailleurs. J'en parlais dans un discours passé : alors que malheureusement les propos de haine comme la montée des extrêmes ne cessent de soulever des analogies, parfois hâtives, avec les années 1930, il me semblait à moi que vouloir comprendre notre époque pourrait mieux se faire si nous nous comparions avec la Renaissance. Loin des images fleuries et apaisantes, la Renaissance est un temps de crises : guerres, notamment civiles, au nom des religions ; mais aussi crises sanitaires – la peste, puisqu'il faut l'appeler par son nom – ; crises scientifiques et morales, avec les grandes découvertes, qui ne sont pas seulement des innovations, mais également des moments de profonde déstabilisation ; crise du savoir, enfin, entre celles et ceux qui écrivent des pages et des pages sur cette Amérique qui évidemment n'existe pas et est une vaste blague – amis climatosceptiques, bonjour – et celles et ceux qui considèrent que l'invention de l'imprimerie constitue la fin du savoir, de l'étude, et qu'évidemment, les élèves vont en abuser et, naturellement, le niveau baisser. Alors, oui, je suis bien consciente que notre crainte de l'infobésité était déjà présente chez nos ancêtres qui découvraient l'automatisation de la production des livres. Et que toute nouvelle technologie amène avec elle son lot de craintes et de peurs. Mais je pense que nous sommes dans une situation d'une tout autre nature. Gutenberg ne possédait pas l'unique source de l'information. Il n'avait pas le monopole de la production de livres. Et toutes les interactions ne passaient pas par l'imprimerie. Bien sûr, celle-ci a exercé une influence déterminante sur l'histoire – notamment pour la diffusion des idées calvinistes, ou la simple possibilité d'accès à la Bible à grande échelle. Et surtout, Gutenberg n'avait pas l'ambition de se lancer dans la politique, et de gouverner la destinée de l'humanité. Et nous avons ici un réel problème. C'est que l'imprimerie restait dans la logique de la neutralité des outils. On pouvait l'utiliser à bon ou mauvais escient, mais l'outil, lui, demeurait neutre. Les outils numériques, réseaux sociaux ou moteurs de recherche, eux, ne sont pas neutres. Ils sont biaisés. C'est l'imprimerie qui s'accompagnerait à chaque fois que vous lisez un livre chez vous de l'invasion dans votre logis d'une centaine de personnes qui, parce que vous avez ouvert ce volume, ont le droit de regarder qui vous êtes, ou vous vivez, ce que vous écrivez, et la quantité de vivres dont vous disposez. À un inconnu croisé dans la rue, même s'il nous propose d'appeler un taxi, nous ne donnerions jamais l'intégralité de notre carnet d'adresses, de nos photos, de nos messages et l'accès à la caméra et au micro de notre téléphone. C'est pourtant ce que nous faisons dès que nous installons la moindre application. Il est très compliqué de le réaliser, de se rendre compte de ce que cela implique, surtout si, tout d'un coup, les entreprises qui vont prendre ces données et faire de l'argent avec – oui, nous travaillons gratuitement pour elles, tout comme nous le faisons chaque fois que nous posons une question à ChatGPT – décident de rentrer pleinement dans le jeu politique. Différents scandales nous ont donné un aperçu de ce que cela peut impliquer. Pourtant nous oublions. Nous tolérons. Et nous n'arrivons pas à saisir l'ampleur de la catastrophe. Il en va du numérique comme de la crise climatique : les enjeux sont si vastes, si importants, si complexes, et pourtant, à notre échelle humaine, nous paraissent si peu sensibles, perceptibles, que nous ne parvenons pas à réagir tant que la catastrophe n'est pas là, tant que nos pieds ne disparaissent pas sous des tonnes de boue et la montée des eaux. La colère vient quand il est trop tard. Pourtant, il serait temps de se mettre en colère avant que la catastrophe ne survienne.

Voilà qui serait bon et nécessaire.

Voilà, peut-être, au fond, ce que j'essaie de faire.

Voilà comment je me suis arrachée, mais pour combien de temps, à la fascination du *doomscrolling*, et voilà pourquoi il est grand temps qu'ensemble, nous prenions le relais.

Notes

Notes de l'introduction, p. 17

1. Wang, J. et Fan, W., « The effect of ChatGPT on students' learning performance, learning perception, and higher-order thinking : Insights from a meta-analysis », *Humanities and Social Sciences Communications*, vol. 12, n° 621, 2025. https://doi.org/10.1057/s41599-025-04787-y

2. Mollick, Ethan, *Co-Intelligence: Living and Working with AI*, New York, Abingdon, Routledge, 2024.

3. Voir notamment la conférence d'Éric Lambert qui résume les principaux apports en termes cognitifs. Il est maître de conférences en psychologie, IUFM Poitou-Charentes, laboratoire CNRS « langage et cognition », puis laboratoire CeRCA (université de Poitiers). https://www.canal-u.tv/chaines/uptv/universite-inter-age-2023-2024/pourquoi-les-jeux-video-sont-bons-pour-notre-cerveau

4. Alcaraz, Marina, « Les plus petits passent 6 heures par semaine sur Internet, autant que sur la télévision », *Les Échos*, 18 mars 2022.

5. Gaudiaut, T., « Combien de temps les jeunes passent-ils devant les écrans ? », *Statista Daily Data*, 2 mai 2024.

6. Demayo, M., *Digital report France 2024.* We Are Social France, 12 septembre 2024. https://wearesocial.com/fr/blog/2024/02/digital-report-france-2024-%f0%9f%87%ab%f0%9f%87%b7/

7. « Fréquentation des sites adultes par les mineurs », *Arcom*, mai 2023.

8. Paru au Seuil, en avril 2025.

9. *Sous nos regards. Récits de la violence pornographique*, coll., Paris, Seuil, 2025.

10. Guilloux, M., « Non, l'exposition à l'écran n'a aucun effet sur le bien-être des enfants, l'usage de la tech est aussi dangereux que consommer des pommes de terre. » *Developpez.com*, 24 janvier 2019. https://www.

developpez.com/actu/242928/Non-l-exposition-a-l-ecran-n-a-aucun-effet-sur-le-bien-etre-des-enfants-l-usage-de-la-tech-est-aussi-dangereux-que-consommer-des-pommes-de-terre/

Notes du chapitre premier, p. 25

1. Gonzalez, R., « Screens Might Be as Bad for Mental Health as Potatoes », *WIRED*, 14 janvier 2019. https://www.wired.com/story/screens-might-be-as-bad-for-mental-health-as-potatoes/

2. Orben, A. et Przybylski, A. K., The association between adolescent well-being and digital technology use, *Nature Human Behaviour*, vol. 3, 2019, p. 173-182.

3. Baton-Hervé, Élisabeth, « L'enquête : des points de vue concordants chez les professionnels de l'enfance », dans *Grandir avec les écrans ? Qu'en pensent les professionnels ?*, Érès, 2020, p. 91-253, p. 132 sqq.

4. Tisseron, Serge, « Pourquoi les campagnes contre les dangers des écrans ont-elles peu d'effets ? », dans *3-6-9-12 Apprivoiser les écrans et grandir*, Érès, 2024, p. 19-28, p. 21.

5. Ce point, au moins, est clairement documenté, même s'il doit toujours s'accompagner des précautions d'usage, comme celles complétant le rapport du Sénat d'avril 2024, notamment sur l'impossibilité de pouvoir mener de véritables études en double aveugle – seule possibilité d'établir un lien de causalité solide. Donc documenté n'est pas prouvé. J'y reviendrai par la suite.

6. Tisseron, Serge, « 2. "3-6-9-12 + ", l'état des savoirs », dans *3-6-9-12…*, *op. cit.*, p. 29-59, p. 32. Il fait allusion ici à Zimmerman, F. J. et Christakis, D. A., « Children's television viewing and cognitive outcomes: A longitudinal analysis of national data », *Archives of Pediatrics and Adolescent Medicine*, vol. 159, n° 7, 2005, p. 619-625.

7. *Ibid.*

8. *Ibid.*

9. Pagani, L. S., Fitzpatrick, C., Barnett, T. A. et Dubow, A., « Prospective associations between early childhood television exposure and academic, psychosocial, and physical well-being by middle childhood », *Archives of Pediatrics and Adolescent Medicine*, vol. 164, n° 5, 2010, p. 425-431 et Pagani, L., Lévesque-Seck, F. et Fitzpatrick, C., « Prospective associations between televiewing at toddlerhood and later self-reported social impairment at middle school in a Canadian longitudinal cohort born in 1997-1998 », *Psychological Medicine*, 2016, p. 3329-3337.

10. Harbec, M.-J. *et al.*, « Bébés télévores : les risques à long terme », *L'École des parents*, vol. 4, n° 625, 2017, p. 40-43. Alors, bien sûr, ici encore, cette étude porte sur la télévision et non sur les smartphones. Mais qui peut le pire peut le plus… Et très souvent, l'usage du smartphone chez les plus petits correspond avant tout à celui d'une petite télévision portable, donc les résultats de ces différents travaux sont aisément transférables d'une situation à l'autre.

11. Tisseron, Serge, *op. cit.*, p. 36.

12. *Ibid.*

13. Veyne, Paul, *Comment on écrit l'histoire* (1971), Paris, Seuil, 1978, p. 310-346.

14. Je pense notamment à celui coordonné par Anne Cordier et d'autres, *Les Enfants et les écrans*, Paris, Retz, coll. « Mythes et réalités », paru en 2023.

15. Lena Situations, « 1 mois sans écran » [Vidéo], YouTube, 18 novembre 2024.

16. Association e-Enfance, *67 % des 8-10 ans déjà sur les réseaux sociaux*, 22 février 2024.

17. « Disparition de Morgane : "Reviens-nous, parce qu'on n'en peut plus", implore sa mère », *Le Dauphiné libéré*, 30 novembre 2024.

18. *Ibid.*

Notes du chapitre II, p. 39

1. Des images représentant une personne sous la forme d'une figurine emballée avec, à côté, des objets qui la caractérisent, comme c'est le cas pour certains jouets représentant des héros de série ou de films. Cette vogue sera peut-être totalement passée au moment où sortira le livre. Ainsi va la vie des *trends* sur internet…

2. Demoulin, A., « De Tom Cruise à Ed Sheeran, pourquoi ces stars n'ont plus de smartphone ? », *20 minutes*, 14 avril 2025.

3. Gori, R., « Tous connectés, tous désolés », *Cliniques méditerranéennes*, vol. 98, n° 2, 2018, p. 47-65. https://doi.org/10.3917/cm.098.0047.

4. *Actualisation des chiffres de l'impact du numérique en France*, 9 janvier 2025.

5. En ligne : https://egreen.adice.asso.fr/en/knowledge/email.html?

6. Tous ces chiffres et les suivants sont issus des rapports Arcep-Ademe : https://ecoresponsable.numerique.gouv.fr/actualites/actualisation-ademe-impact/

7. « L'économie numérique est une industrie lourde (2) : reprendre c'est toujours des données. » https://theconversation.com/leconomie-numerique-est-une-industrie-lourde-2-reprendre-cest-toujours-des-donnees-51168

8. Theviot, Anaïs, (dir.), *Gouverner par les données ? Pour une sociologie politique du numérique*, Lyon, ENS Éditions, 2023.

9. Il s'agit de cinquante mesures d'un agenda national et européen pour amoindrir l'impact du numérique sur l'environnement et prôner une sobriété et une responsabilité dans ce domaine. https://cnnumerique.fr/environnement_numerique_2020

10. Soutenu par des associations et en lien avec le Conseil national du numérique, ce libre blanc déploie vingt-six propositions pour associer numérique et développement durable.

11. Morestin, F., « IA : quels impacts se cachent derrière nos conversations avec ChatGPT ? », *Novethic*, 14 février 2025.

12. Le pluriel n'est pas une coquille, mais le rappel de la pluralité de ce que l'on résume par « Le Sud ». Pour celles et ceux qui désirent en savoir plus (et en gardant à l'esprit qu'il date déjà un peu et que la situation s'est encore aggravée), je conseille évidemment le documentaire d'Hans Bock et Moritz Riesewieck, *The Cleaners*.

13. Roberts, Sarah T., *Derrière les écrans. Les nettoyeurs du Web à l'ombre des réseaux sociaux*, Paris, La Découverte, 2020.

14. Unitar, *The Global E-Waste Monitor*, 12 décembre 2024.

15. Orange France, « Afrique : 72 millions de tonnes d'ici 2030 de déchets électroniques, un fléau pour le continent », par France 24, 2 novembre 2024.

16. Kouamé, M., « Déchets électroniques : les 10 principaux pays producteurs en Afrique », *Le360 Afrique*, 7 août 2024.

17. Malgré les nombreuses enquêtes de terrain des ONG et plateformes spécialisées (Bâle Action Network, Greenpeace) qui cherchent à sensibiliser le public et mettre la pression sur les gouvernements et entreprises mais se heurtent au manque d'application stricte des règles au niveau international et à la souplesse des contrôles dans certains pays.

18. Haidt, Jonathan, *Génération anxieuse. Comment les réseaux sociaux menacent la santé mentale des jeunes*, Paris, Les Arènes, 2025.

19. https://davidfayon.fr/2025/04/famille-numerique-2025-toujours-plus-ecrans/. Source : NordVPN, enquête menée dans quatre pays auprès de 5 000 adultes entre le 22 et le 30 juin 2021.

20. « Les activités sur écrans ne conviennent pas aux enfants de moins de 6 ans », Société Française de Pédiatrie.

21. Santi, P., « Pas d'écrans avant 6 ans », *Le Monde*, 29 avril 2025.

22. Jonathan Haidt, *The Anxious Generation. How the Great Rewiring of Childhood Is Causing an Epidemic of Mental Illness*, New York, Penguin Press, 2024.

23. Chardon-Boucaud, S., « L'économie de l'attention à l'ère du numérique », direction générale du Trésor, *Trésor-Éco*, n° 357, publié le 4 septembre 2025, disponible sur www.tresor.economie.gouv.fr.

24. John Burn-Murdoch, article du *Financial Times*, 14 mars 2025. https://www.ft.com/content/a8016c64-63b7-458b-a371-e0e1c54a13fc

25. Dupont, M., « La "merdification", ce processus inexorable de dégradation de la qualité des services sur les plateformes numériques », *Le Monde*, 24 avril 2025.

26. Lucien Jerphagnon, *C'était mieux avant*, Paris, Tallandier, 2022.

27. https://pluralistic.net/2023/01/21/potemkin-ai/#hey-guys. La formulation anglaise est plus virulente : « This is enshittification: surpluses are first directed to users; then, once they're locked in, surpluses go to suppliers; then once they're locked in, the surplus is handed to shareholders, and the platform becomes a useless pile of shit. »

28. En ligne : https://www.planetoscope.com/Internet-/1523-informations-publiees-dans-le-monde-sur-le-net-en-gigaoctets-.html

29. En ligne : https://vousparmacif.macif.fr/capacite-d-attention-est-elle-en-declin

Notes du chapitre III, p. 67

1. Sur ce sujet, voir Thibout, C., « Les GAFAM et l'État : réflexion sur la place des grandes entreprises technologiques dans le champ du pouvoir », *Revue internationale et stratégique*, vol. 125, n° 1, 2022, p. 75-88. https://doi-org.proxy.rubens.ens.fr/10.3917/ris.125.0075

2. Au cas où cela ne serait pas clair, je pense évidemment à Musk et à son salut nazi à la fin d'un discours devant les républicains. Salut qui avait été « excusé » en expliquant notamment qu'il s'agissait d'un salut renvoyant à la tradition romaine, laquelle, en réalité, n'a jamais réellement existé avant son instauration par un régime fasciste… donc romain, mais, dans ce cas, à la Mussolini.

3. Badouard, R. et Girard, C., « Internet en mal de démocratie », *Esprit*, 2021, p. 33-37. https://doi.org/10.3917/espri.2111.0033

4. Alain, *Écrits et propos*, texte en ligne sur https://philosophe-alain.fr/propos/la-gauche-et-la-droite/.

5. En ligne : https://www.echosciences-grenoble.fr/communautes/atout-cerveau/articles/la-loi-de-brandolini-ou-le-principe-d-asymetrie-du-baratin-un-defi-pour-les-scientifiques

6. *Ibid.*

7. *Ibid.*

8. En 2016, de nouveaux manuels scolaires ont commencé à intégrer des variantes orthographiques simplifiées, ou la suppression facultative de l'accent circonflexe quand cela n'entraîne pas de confusion entre les sens. Ce faisant, ils appliquaient une réforme de 1990 validée par l'Académie française. Ce décalage temporel a donné lieu à une controverse, m'attribuant la responsabilité de cette évolution, et je me suis encore retrouvée accusée sur le plateau d'*On n'est pas couché* en mai 2017.

9. Discours prononcé à Durham le 16 décembre 2023.

10. En ligne : https://www.vscyberh.org/

11. *Rapport – La Femme invisible dans le numérique*, HCE, 11 juillet 2022.

12. Saliou, Mathilde, *Technoféminisme. Comment le numérique aggrave les inégalités*, Paris, Grasset, 2023.

13. *Rapport – Lutter contre les stéréotypes filles-garçons*, Haut-Commissariat au plan, mai 2025.

14. https://www.strategie.gouv.fr/publications/lutter-contre-les-stereotypes-filles-garcons-quel-bilan-de-la-decennie-quelles

15. En ligne : https://www.media.mit.edu/projects/gender-shades/overview/

16. En ligne : https://www.ohchr.org/fr/stories/2024/07/racism-and-ai-bias-past-leads-bias-future

17. Voir par exemple l'article de 2010 dans le *New York Times* qui synthétisait les principales données du problème : Giridharadas, A., « A weird way of thinking has prevailed worldwide », *New York Times*, août 2025, 2010.

18. *Ibid.*

19. Un patch est normalement un ajout fait en cours d'exploitation d'un jeu pour venir corriger un certain nombre de bugs. Le patch massif est un patch qui par sa taille approche celle du jeu, et souligne le caractère non fini du jeu avant sa publication. On parlera aussi de « patch day 1 ». Je remercie les aficionados de mon entourage pour leurs explications sur ce point…

20. Réponse formulée par Lindsey Graham à une déclaration de Mark Zuckerberg, le 31 janvier 2024.

Notes du chapitre IV, p. 93

1. Bihouix, Philippe, et Mauvilly, Karine, *Le Désastre de l'école numérique*, Paris, Seuil, 2016.

2. Dans son article du 5 novembre 2018, « What the *Times* got wrong about kids and phones », *Columbia Journalism Review*. https://www.cjr.org/criticism/times-silicon-valley-kids.php

3. *You only live once* – on ne vit qu'une fois.

4. https://www.ifop.com/publication/les-francais-et-laddiction-au-numerique/

5. Il s'agit notamment des 5 C : perte de Contrôle, Craving (envie irrépressible de consommer), un usage Compulsif, Chronique et des Conséquences sur la vie (isolement, perte d'envie, etc.).

6. Voir entre autres, Courbet, D., Fourquet-Courbet, M.-P. et Amato, S., « "Addictions" et comportements problématiques liés à Internet et aux réseaux sociaux – Synthèse critique des recherches et nouvelles perspectives », *Journal for Communication Studies*, vol. 13, n° 1, 2020, p. 209-235.

7. Ballatine Books, 2017.

8. Wynn-Williams, Sarah, *Careless People – A Story of Where I Used to Work. Power, Greed, and Lost Idealism*, MacMillan, 2025.

9. https://www.clubic.com/actualite-564495-comment-facebook-aurait-exploite-des-moments-de-vulnerabilite-psychologique-d-adolescentes-pour-le-profit.html?utm_source = chatgpt.com

10. https://psyaparis.fr/dopamine-reseaux-sociaux/

11. https://www.youtube.com/watch?v = PMotykw0SIk

12. Auteur du best-seller *Hooked. Comment créer un produit ou un service qui ancre des habitudes*, Paris, Eyrolles, 2019.

13. *La Course à l'attention. Dossier d'accompagnement de la série* Dopamine, Canopé, 2019, p. 9.

14. En ligne : https://www.wsj.com/podcasts/the-journal/the-facebook-files

15. Mouvance complotiste d'extrême droite née aux États-Unis dénonçant un supposé « État profond », composée d'élites politiques, médiatiques et économiques, accusées de crimes occultes.

16. Baldacchino, J., « Facebook : ce qu'a dit la lanceuse d'alerte Frances Haugen aux parlementaires français », *France Inter*, 10 novembre 2021.

17. Béchu, V., « Tout jeunes, ils utilisent les réseaux sociaux sans apprendre à se mettre en sécurité », *Ouest-France*, 17 janvier 2025. Disponible sur https://www.ouest-france.fr/societe/entretien-tout-jeune-ils-utilisent-les-reseaux-sociaux-sans-apprendre-a-se-mettre-en-securite-1000f2e2-d3e1-11ef-a472-523f8d5502d1 [consulté le 26 octobre 2025].

18. Chadefaux, J., « Au Liban, un vaste réseau pédocriminel sur TikTok suscite l'effroi », *Le Figaro*, 10 octobre 2024.

19. Commandante de police, cheffe du pôle stratégie de l'Office mineurs (OFMIN), membre de la CIIVISE (Commission indépendante sur l'inceste et les violences sexuelles faites aux enfants), et autrice de *Derrière l'écran. Combattre l'explosion de la pédocriminalité en ligne*, Paris, Stock, 2024.

20. Sur ces différents procès, nous renvoyons évidemment à l'excellent documentaire « Emprise numérique, 5 femmes contre les Big 5 », réalisé par Elisa Jadot et disponible sur France TV : https://www.france.tv/documentaires/documentaires-societe/6711838-emprise-numerique-5-femmes-contre-les-big-5.html

21. Di Giacomo, D., « TikTok assigné en justice : pourquoi quatre nouvelles familles se joignent au recours collectif engagé en novembre 2024 », *Franceinfo*, 6 mars 2025.

22. *The Facebook files, a Podcast series*, *The Wall Street Journal*, 8 décembre 2021.

23. Il s'agit d'un concept sociologique théorisé par Stanley Cohen en 1972 dans *Folk Devils and Moral Panics: The Creation of the Mods and Rockers*. Il insiste sur la dimension exagérée et sensationnaliste d'une réaction de peur devant un phénomène donné. Il est souvent employé pour désigner des campagnes menées par l'extrême droite, et j'ai pu y goûter en tant que responsable politique avec les ABC de l'égalité… qui ont donné lieu à des réactions injustifiées et des propos diffamatoires finalement punis par la justice française. D'où ma prudence.

24. Proust, Marcel, *À la recherche du temps perdu*, « Sodome et Gomorrhe ».

25. 71 % des adolescents français déclarent en 2025 avoir du mal à se passer de leur portable même pour quelques heures, un chiffre en progression de huit points par rapport à 2023.

26. Voir entre autres, car cette question a souvent été posée, l'étude Kaspersky et Yougov : en 2018, 26 % des Français de 18 à 26 ans préfèrent

un an sans relation sexuelle plutôt que de se passer de leur smartphone pendant la même période.

Notes du chapitre V, p. 127

1. Boullier, D., « Puissance des plateformes numériques, territoires et souverainetés », Sciences Po, mai 2021.

2. En ligne : https://www.lafinancepourtous.com/decryptages/finance-et-societe/nouvelles-economies/gafa-gafam-ou-natu-les-nouveaux-maitres-du-monde/

3. Source : Meltwater, avril 2023, dans Chaffey, D., « Global social media statistics research summary 2023 », *Smart Insights*, 7 juin 2023. URL : https://www.smartinsights.com/social-media-marketing/social-media-strategy/new-global-social-media-research/. Citée par Faillet, C., « Les réseaux sociaux, vingt ans plus tard », *Futuribles*, vol. 5, n° 456, 2023, p. 61-73. Cairn.info, shs.cairn.info/revue-futuribles-2023-5-page-61?lang=fr

4. Carroué, L., « Une géopolitique des GAFAM », *Questions internationales*, vol. 5, n° 109, 2021, p. 38-47.

5. Nocetti, J., « L'Europe reste-t-elle une "colonie numérique" des États-Unis ? », *Politique étrangère*, vol. 3, automne 2021, p. 51-63. Cairn.info, shs.cairn.info/revue-politique-etrangere-2021-3-page-51?lang=fr

6. Catherine Morin-Desailly, *L'Union européenne, colonie du monde numérique ?*, rapport d'information au nom de la Commission des Affaires européennes, Sénat, mars 2013, disponible sur : www.senat.fr

7. En ligne : https://www.technologyreview.com/2023/08/09/1077567/china-children-screen-time-regulation/

8. *Ibid.*

9. En ligne : https://www.rts.ch/info/monde/14335730-les-mesures-drastiques-de-la-chine-face-a-laddiction-des-jeunes-a-internet.html

10. Charbonnier, N., Bénis, O., « La Chine restreint l'accès à Internet pour les mineurs », *France Inter*, 2 septembre 2023.

11. *Real-name system for online games in China*, Wikipédia, 7 décembre 2025.

12. En ligne : https://www.pcgamer.com/tencent-is-now-using-facial-recognition-in-china-to-stop-children-from-gaming-all-night/

13. Afp, « L'Australie interdit l'accès aux réseaux sociaux aux moins de 16 ans. », *Le Monde*, 29 novembre 2024.

14. Notons d'ailleurs que d'autres pays ou États se penchent sur le sujet : en Espagne, le gouvernement a présenté un avant-projet de loi

sur l'interdiction aux réseaux sociaux en dessous de 16 ans, mais sans que des dates soient établies ni les méthodes de contrôle précisées, et en Floride une loi similaire mais mettant l'interdiction en dessous de 14 ans doit entrer en vigueur en ce mois de janvier 2025. Affaire à suivre, donc. https://www.lemonde.fr/pixels/article/2024/03/25/la-floride-adopte-une-loi-limitant-l-acces-des-mineurs-aux-reseaux-sociaux_6224147_4408996

15. En ligne : https://commission.europa.eu/news/data-act-enters-force-what-it-means-you-2024-01-11_en

16. En ligne : https://www.laquadrature.net/2024/11/29/cest-pas-de-lia-cest-de-lexploitation-dernier-cri/

17. « La Commission inflige à Google une amende d'un montant de 2,95 milliards d'euros pour pratiques abusives », Représentation de la Commission européenne en France, 4 septembre 2025.

18. En ligne : https://lvsl.fr/la-concurrence-cest-pour-les-losers-peter-thiel-le-libertarien-qui-defendait-les-monopoles/

19. Entretien avec Dominique Boullier.

20. Oui, c'est un autre sujet, mais bon, c'est exemplaire d'un certain positionnement. Faire de l'argent avec le travail d'autrui sans jamais le rémunérer pour cela constitue l'un des piliers de l'économie numérique.

21. En ligne : https://commediaportal.ca/web/fr/media/la-loi-c-18-pourrait-avoir-un-impact-majeur-sur-les-medias-communautaires

22. En ligne : https://www.lapresse.ca/affaires/medias/2023-09-01/loi-sur-les-nouvelles-en-ligne/google-et-meta-pourraient-devoir-verser-230-millions-aux-medias-canadiens.php?

23. En ligne : https://www.larevuedudigital.com/digital-report-2025-les-depenses-publicitaires-sur-les-reseaux-sociaux-en-solide-hausse/

24. Le propre du temps long de l'écriture et de la réflexion est qu'entre le premier jet et la publication, l'idée est apparue chez un certain nombre de personnes. Gabriel Attal et Marcel Rufo avaient parlé d'un « addict-score », mais qui se résumait à la question de la dépendance engendrée par certaines applications, puis une tribune de mai 2025 a proposé la création d'un Nutri-Score numérique. Enfin le Conseil national du numérique a proposé un dispositif baptisé Digiscore, centré sur les conditions de travail et le traitement des livreurs. Il y a évidemment là des convergences riches à entretenir et développer pour conduire le combat législatif. Voir une même idée chez différentes personnes, n'est, pour moi, pas une angoisse : simplement le signe que, peut-être, cette dernière est bonne et nécessaire puisque nous sommes plusieurs à l'évoquer.

25. Wynn-Williams, Sarah, *Careless People…*, *op. cit.*

Notes du chapitre VI, p. 173

1. En ligne : https://www.publicsenat.fr/actualites/non-classe/de-la-suppression-du-vin-dans-les-cantines-a-la-loi-evin-la-lutte-contre-l-alcool-en

2. En ligne : https://presse.ramsaygds.fr/communique/212926/-Jeunes-ecrans-pour-meilleur-pour-pire-72-15-25-ans-entretiennent-relation-toxique-avec-leur-telephone?cm = 1

3. Castelo, N., Kushlev, K., Ward, A. F., Esterman, M. et Reiner, P. B., « Blocking mobile internet on smartphones improves sustained attention, mental health, and subjective well-being », *PNAS Nexus*, vol. 4, n° 2, février 2025. Pgaf017, https://doi.org/10.1093/pnasnexus/pgaf017

4. Ma traduction n'est pas complètement satisfaisante, j'en suis consciente. La notion de *reach* est un terme souvent utilisé dans le cadre de la communication numérique, il correspond à la portée que va pouvoir atteindre telle ou telle campagne publicitaire, mais aussi la capacité de toucher un public donné. L'idée de cette liberté d'atteinte est justement de pouvoir, en fonction de ce que l'on souhaite, se trouver hors de portée des réseaux sociaux, donc, littéralement, hors d'atteinte. Par ailleurs, le *reach* représente, en matière de statistiques sur les réseaux, le nombre de personnes uniques qui ont vu votre publication. D'où le lien qu'établit Dominique Boullier avec la question des notifications et de ce qui est d'ordinaire abordé sous l'angle du « droit à la déconnexion ».

5. Ainsi, une étude a pu observer que la surexposition aux écrans – plus de sept heures par jour chez des pré-adolescents – va de pair avec un amincissement plus marqué du cortex cérébral, cf. « How much screen time is too much ? », *Scripps Health*, 8 février 2019.

6. Un phénomène analysé en particulier par le sociologue Gérald Bronner dans *À l'assaut du réel*, paru aux Presses universitaires de France en août 2025.

Notes du chapitre VII, p. 193

1. McDaniel, B. T. et Radesky, J. S., « Technoference: Parent distraction with technology and associations with child behavior problems », *Child Development*, vol. 89, n° 1, 2018, p. 100-109.

2. Gratier, M., Esseily, R. et Groupe « Action Recherche Petite Enfance Nanterre », « Technoférence en salle d'attente », *Spirale. La grande aventure de bébé*, vol. 1, n° 110, 2025, p. 72-81. https://shs.cairn.info/revue-

spirale-2025-1-page-72?lang=fr. Ils font notamment allusion aux travaux suivants : Kildare, C. A. et Middlemiss, W., « Impact of parent's mobile device use on parent-child interaction: A literature review », *Computers in Human Behavior*, vol. 75, 2017, p. 579-593 et McDaniel, B. T. et Radesky, J. S., « Technoference [...] », art. cit.

3. Mikolajczak, M., Roskam, I. et Gross, J. J. *Parents on the Brink: Parental Burnout*, APA Blog, division 12 (Society of Clinical Psychology), 2021 ; Roskam, I. et Mikolajczak, M. (dir.), « Le Burn-Out parental : Comprendre et prendre en charge », Paris, De Boeck Supérieur, 2018. https://doi.org/10.3917/dbu.roska.2017.01

4. Hamard, L. « Meta accusé de cibler ses publicités pour les jeunes selon leur état émotionnel », *Libération*, 11 avril 2025.

5. Abdi, I. « Analyse des données scientifiques : effets de l'exposition des enfants et des jeunes aux écrans », Haut Conseil de la Santé Publique, janvier 2020, p. 11. https://fr.scribd.com/document/681874461/hcspr20191212-effedelexpodesenfaetdesjeunauxcr

6. Commission d'enquête sur les effets psychologiques de TikTok sur les mineurs, Assemblée nationale, rapport n° 1770, rapporteure Laure Miller, président Arthur Delaporte, 11 septembre 2025.

7. Ministère de l'Éducation nationale, « Plan numérique pour l'éducation », Bulletin officiel n° 30 du 23 juillet 2015.

8. Source France Football – Violences : quand le football amateur devient fou, 11 avril 2025.

9. En ligne : https://www.education-numerique-raisonnee.com

10. « L'IA, bras armé de la désinformation », *Le Parisien dimanche*, 7 septembre 2025.

11. En ligne : https://www.demotivateur.fr/insolite/une-mere-verse-1600-euros-a-son-fils-pour-qu-il-reste-a-l-ecart-des-reseaux-sociaux-jusqu-a-ses-18-ans-28641

TABLE

PEFC
10-31-1510
Certifié PEFC

Achevé d'imprimer en janvier 2026 par Corlet imprimeur
14110 Condé-en-Normandie

Réalisation : Nord Compo à Villeneuve-d'Ascq
Dépôt légal : janvier 2026
ISBN : 979-10-210-6500-0
Numéro d'édition : 5246
Numéro d'impression : 25100551
Imprimé en France